社会学入門一歩前

若林幹夫
Wakabayashi Mikio

河出書房新社

はじめに

社会学って何だろう？

社会について考えたい。そのための知識や視点や方法を学びたい。そんなふうに考える人はたくさんいるだろう。そしてその中には社会学を学びたいという人や、とりあえず社会学とはどんな学問なのかを知りたいという人もいるだろう。

だがもしかしたら、そんな人にとって社会学は、社会を対象とする他の社会科学である法学や経済学や政治学に比べるとどこかつかみどころのない、よくわからないもののように見えるかもしれない。法律や経済や政治なら、社会の中の特定の領域を占め、特定の問題や利害関心と結びついたものとしてイメージしやすい。けれども「社会」というと、そうした法律や経済や政治も含む、人間の暮らしの広がり全体も指す言葉だ。たとえば書店や図書館で社会学の本の棚を見てみると、抽象的な理論の本から、家族、ジェンダー、犯罪、組織、都市、地域、福祉、環境、労働、若者、流行、テレビ、インターネット等々、社会に存在し、見出されるありとあらゆる（とまではいかないが相当広範な）、さまざまな事象や問題を取り上げた本が並んでいる。これらがみんな社会学なのだとすると――実際そうなのだ、それらがみな面白いかどうかは別として――、社会学ってようするに社会の中にあるものなら何でも対象にしちゃうってこと？　そんな〝何でもあり〟って面白そうにも見えるけど、何だかつかみどころがなくて怪しくないか？　だいたい、こんな〝何でもあり〟の学問、一体どこから入ったらいいの？　そんな風に考えても無理はない。

そこで、とりあえず自分が無難と思った入門書や参考書を手にとり、目を通して見ると、「二者間の行為がどうとかこうとか……」やら「行為のシステムがどうしたこうした……」といった抽象的な話が続いて、いつまでたっても自分が知っている／知りたい〝社会〟の話にたどりつかない！　ということもあるかもしれない。あるいは、コント、スペンサー、ヴェーバー、デュルケム、ジンメル、……（途中省略）……、パーソンズ、マートン、シルズ、……（またまた途中省略）……、ルーマン、ハーバーマス、ギデンズ、ブルデュー、……（以下省略）……と、もっぱら外国人（より正確には欧米人、しかも主として英、米、仏、独の人たち）の名前が続いて、自分の暮らす社会の話とどう結びつくのかピンとこない、といった経験をすることもあるかもしれない。また、ジェンダーとか環境とか差別とか、社会の中の特定の領域や問題についての社会学の見方、考え方を知ることはできたけれど、「社会学」という学問自体は依然として何だかよくわからない、ということもあるかもしれない（もちろん、それでいけないということもないのだけれど）。

そんなことが起こる理由の一つは、社会学という学問には他の学問よりも〝入り口〟がたくさん開いていて、しかもその入り口相互の関係がよく見通せないからなのだと思う。たくさんの入り口に応じて先行するたくさんの学者や研究があり、しかもそれら相互の関係は初学者にはよくわからない。主要な理論の系譜をたどった学説史的な概論や、個別領域を対象とする入門書はいろいろあるけれど、他の社会科学であれば存在するようなスタンダードな教科書や入門書もあまりない。

こんなとき、とりあえずはどんな入り口からでも入ってみるというのも、一つの手ではある。実際、どの門から入れば社会学がわかるという決まった門やコースはない。どの入門書や参考書でもいいから、自分の肌に合いそうなものから入ってみれば、まずはよいのだとは思う（何が自分の肌に合うのかわかればの話だが……）。

＊

この本も、そんな入り口の一つであると言えなくもない。だがむしろ、どこかの入り口に入る前にまず、社会学的に感じ、考えることへと頭と感覚をマッサージするために役立てばという考えの下に、この本は書かれた。

たとえば、あるスポーツをプレイするためには、そのスポーツのルールを知り、基本的なプレイのパターンを知り、ゲームの組み立てを知らなくてはならないだろう。けれども、同時にまたボールに触れ、投げ、あるいは蹴り、あるいは撃ち、走るということを、拙いながらも実際のコートやフィールドでしてみることで、そのスポーツをする感じを我がものとすることも絶対に必要だろう。その感じがどこか楽しく、さらなる楽しみへとつながっていることが予感されるならば、人はそのスポーツをさらに続け、それについて学び、我がものとしようとするだろう。逆に、〝これだ！〟という感じがいつまでたってもつかめないなら、スポーツする喜びも、それを続ける理由もそこにはない（別にスポーツをやらなくてはならないという法はない。学問もまた同じである）。

スポーツを例にあげたけれど、楽器を弾くことでも、音楽を聴くことでも、詩を書いたり、小説を読んだり、映画を見たり、絵を描いたりすることでも、何でもいい。そうしたことを人が行なうのは、そこに〝これだ！〟と感じる瞬間があり、それによって世界の中の重要な〝何か〟が自分に対して開かれるように感じるからだろう。

いや、趣味やスポーツとは違い、学問はそうではないはずだと言う人もいるかもしれない。学問はそんな個人的な楽しみや喜びのためのものではなく、世の中の役に立つためにあるのだから、というわけだ。そのように信じて疑わない人や、そんな考えの外に出ることを恐れる人は、この本を読まないほうがいいかもしれない。なぜならこの本は、社会学をすることの中にある〝これだ！ という感じ〟――それをさしあたり「社会学感覚」と呼ぼう――へと、あなたの思考と身体を開くことを目指しているからだ。そしてその感覚の中では、「役に立つ」ことをめぐる右のような〝真面目な考え〟も、別の様相を呈して見えてくるはずだからである（なぜ「思考」だけでなく「身体」も開くのかと不思議に思う人もいるだろうけれど、それについてはこの本の先の部分を読んでほしい）。

＊

この本は、入門書は入門書でも、タイトルが示すように、一般によくある入門書の〝一歩前〟の入門書なのだ。

哲学者の廣松渉に『哲学入門一歩前』（講談社現代新書）という本があって、廣松はそこで「一歩前」という言葉は実は二義的、つまり二つの意味があるのだと述べている。一つは、門に入る一歩手前という意味。もう一つは、門を潜ってから一歩前へ！ という意味なのだ、と。まだ大学院生だった二〇代半ばのころ、この言葉を読んで感じた文字通り〝これだな！〟という感触を今でも覚えている。

入門する手前の一歩が、同時に門を潜っての一歩前進につながるような、そんな「入門の手前」であることを、この本もまた目指している。そのために、学者の名前や学説の教科書的な解説はできるだけ避けて、私たちの身近な生活の経験や感覚、場合によっては私たちが社会の中を生きているというただそのことをさしあたりの手がかりに、そんな私たちが生きる社会について社会学的に考える感触を、読者と一緒に歩いてたどっていくように文章を進めていくことを試みた。ときどき名前のあがる学者たちは、そんな道行きの同行者くらいに考えてほしい。そして、一歩前に進むことを目指すこの本は、その道行きのいろいろな場所で、社会学という学問の核心的な問い――つまり私たちが社会を生きるということの本質的な部分にかかわる問い――に出合うことになる。ようするに、社会について考える道筋の真ん中――もっとも、私の考える〝真ん中〟が、他の人にとってもそうであるかどうかはわからないのだけれど……――を、ゆっくりと自分の足で歩いてみて、人が社会を生き、社会がそこに存在することの核の部分が、自分の頭と体で〝見える〟という感じをつかむこと、そんな社会学感覚へと読者の頭と体を開くこと、それがこの本の狙いである。

各章のテーマに関連したり、そこから派生したりする補足的な論点については、章の末尾に**【補説】**として言及したが、これは「説」というよりも、さらに考えるための方向を示す「道しるべ」のようなものだ。また、本全体の最後に、私自身が社会学にどう〝入門〟したのか――多分、今は門の内側にいると思うのだけれど……――という「私の社会学」という補章と、それにもとづく個人的な読書案内が載せてある。反面教師かもしれないが、読者の参考になれば幸いである。

社会学入門一歩前

目次

社会学入門一歩前

第1章
「なぜ社会について考えるのか？」という問いに対する〝正しい答え〟とは違う答え方

〝正しい答え〟への戸惑い

「社会について考えることは大切だ」。

「社会的な視点から、社会的な問題に関心をもたなくてはならない」。

「自分のことだけでなく、社会のことも考えなくては……」。

私たちは子どものころから、こうした言葉を繰り返し聞かされてきた。親や教師はもちろん、テレビや新聞で社会について解説する学者や文化人、〝社会的な視点〟から発言するタレントや芸能人、政治家や企業経営者から近所や親戚の人びとにまで、社会について考えることの大切さを、入れ代わり立ち代わり説かれ続けてきた。

国語の作文や社会科のレポート、入試の小論文や就職の面接等で、こうした「社会への関心」や「社会的視点」が必要とされるのは言うまでもない。社会について考えること、社会的な視点をもち、社会的な問題に関心をもつことは、私たちが生きるこの社会では〝正しいこと〟〝必要なこと〟であるようだ。

だが、なぜ社会について考えなくてはならないのだろう?

一つのありうる答え。それは、人間は一人で生きているのではなく、社会の中で他の人びととともに生きているから、というものだ。君は一人では生きていけない。君の存在は両親、友人、地域の人びとをはじめとするたくさんの人びとの営みの中ではじめて可能になるのだし、君もまたそうした人びとの中で一定の役割を果たしうるのだ。そのためにも社会について知り、考え、社会に対する自覚と責任をもつことが大切だ、というわけだ。

この答えは間違ってはいない、〝正しい答え〟である。

だがしかし、〝正しいこと〟や〝正しい答え〟がいつも、〝この私〟にとってリアルで腑に落ちる答えというわけではない。確かに私は一人(=独り)では生きていない。私を含めたたくさんの人間がいる中で、私を含むさまざまな人間の営みが「社会」と呼ばれる広がりを作り出し、そこでいろいろな問題が起こってもいる。それはその通りだ。けれども、だからといって「社会のこと」、たとえば少年犯罪や少子高齢化や第三世界の貧困や地球規模での環境破壊についてあなたも考え、そのことに一定の責任と自覚をもつべきだと、いきなり言われたらどうだろう。「それはそうかもしれないけれど、それはちょっと……」と言う人は、決して少数派ではないだろう。

私もまたそのように言われたならば、「それはちょっと……」と言ってしまう一人である。社会学者として問われたならそうは言わないかもしれないけれど、生活者としては、少なくとも心情的、感覚的に、「それはちょっと……」と思ってしまう。

「それはちょっと……」と私が思うのは、そうした問題がこの社会を私たちが生きることを通じて生み出される「社会的な問題」であることが理解できないからではない。理解することはできる。だがそれは、私が今現にこの社会を生きていることと、どこか位相を異にしているように感じる。少なくとも、そのことについて真剣に考え、責任をもち、対処しなくとも私は日々の暮らしを送っていくことができる。そのような問題については政治家、行政担当者、研究者といったしかるべき専門家たちがいるのだから、日々の暮らしの中ではさしあたりそうした専門家たちに任せておけばよい。だから私は、職業的な研究者として私の専門領域にかかわる問題について問われたときには、専門家としての責任においてそれに答えるけれど、生活者としては必ずしもそうではないのである。「社会学者」であることと「生活者」であることをこのように区別するのは二枚舌ではないかと言われそうだが、そのことについては【補説】を読んでほしい。

宇宙からの眺めと地面の上の眺め

たとえて言えば、次のような感じである。今、人工衛星か宇宙ステーションにでも乗って、宇宙空間から地球を見ているとしよう。そのとき、眼下あるいは頭上に浮かんだ地球の姿を見て美しいと思い、美しく見えるその地表で人びとが争うことや、環境を破壊しつつあることを、限りなく愚かでただちに克服すべきものだと強く思ってしまうかもしれない。実際、宇宙空間から地球を見て帰ってきた宇宙飛行士は、しばしばそういう内容の発言をする。そうした言葉を聞くと、私は何かとても居心地の悪い思いがする。地球を外側から見たとき、そのように感じてしまうのはわからなくもない。だがその一方で、ひとたび地球の上に立って日々の営みの中に身を置くとき、この私にとってリアルなのは、目の前の具体的な他者との争いや対立であったり、便利さや安楽や快楽であったりすることだろう。どちらの感覚が正しいと言うことはできない。異なる場所、異なる視点に立ったとき、世界は異なる様相をとって現われ、それに対する私やあなたの感覚や思考も異なるということであるにすぎない。

ここで指摘しておきたいのは、社会について考えるときのこの落差、外側から地球を見ることと地上に立って周囲を見ることとの間に存在するようなこの落差こそが、社会という場をめぐる〝社会的な経験〟の一つの形であるということだ。人はしばしば、そのような落差とともにある場所として社会を生きる。その落差がないふりをして「社会的な問題」について我がこととして考えようというのは、じつはそうした落差自体の社会性に目をつぶること、したがって本当には社会を見ていないということなのではないか？　〝正しい答え〟には、正しさゆえの〝罠〟がある。〝まっすぐに社会的な問題に向かいあう人たち〟から見ると屁理屈の言い訳のように聞こえるかもしれない。だが、これもまたまぎれもなく、現代における社会という経験の一つの形である。

ここでは、こうした落差の経験も一つの焦点として、社会について考えてみよう。私たちがまぎれもなくその中を生きていながら、それとの間にどうしようもない落差や隔たりをときに感じてしまう場所としての社会について、考えてみたいのだ。

「役に立つ」から考える？

なぜ社会について考えるのかという疑問に対する可能な別の答え方には、次のようなものもあるだろう。

「社会について考えることは役に立つから」。

では何の役に立つのか。商売の役に立つ。将来設計の役に立つ。損しないために役に立つ。ようするに、なんらかの意味で〝役に立つこと〟のために役に立つ。

金融制度について知り、考えることは経済活動や金融系企業への就職の役に立つかもしれない。少子高齢化について考えることは、自分の将来設計や新たな市場開拓のために役に立つだろう。都市問題について考えることは公務員になるために役立つかもしれないし、自分の暮らす地域の将来のために役に立つかもしれない。差別について考えることは、差別のないよりよい社会を作るために、あるいはまた自分自身が差別のある世界を生き抜いていくために役に立つだろう。社会について考えることは、しばしばいろいろな意味で社会生活上の役に立つ。これは間違いない。

私も、社会学者として自分が考え、言葉にしたものがなんらかの形で他の人びとの役に立てば嬉しいとは思う。だがしかし、私自身は何かの役に立つから社会について考えたり、それをめぐる言葉をつづったりしているわけではない。ではなぜ、別に誰から頼まれたというわけでもないのに、私は社会について考えているのだろう。簡単に言えばそれは、社会について考え、何かが明らかになってゆくことが、ある〝喜び〟の感覚を与えてくれるからだ。では、なぜ知ることが喜びなのか。それは、私がこの社会を生きているとはどのようなことなのか、人が社会を生きるということはどういうことか、私たちがそこで日常的に営んでいることや、そこで直面する問題が、どのような仕組みで存在しているのかを知ることが、「私」と「世界」についての視界をよりクリアにしてくれるからなのだ、と言えるかもしれない。

　もちろん、いくら考えたからといって、これですべてわかったということは多分ない。孔子や古代ギリシアの時代から少なくとももう二五〇〇年くらいは、人間は世界や社会について学問として考えてきた。それでもわからないくらい、世界や社会も、そこを生きる人間も〝わからなさ〟に満ちていて、その〝わからなさ〟の中を、ときにその〝わからなさ〟を自覚しつつ、けれどもたいていはそうした〝わからなさ〟を取り立てて問うことなしに、〝わかったこと〟にして多くの人は暮らしている。社会について考えることは、何かについてわかるより先に、まずはこの〝わからなさ〟に気づき、それについて問うことから始まる。そして、この〝わからない〟ということは、普通の意味では何の役にも立たないことだ。

　たとえば、人はなぜ「神」という形も明確な対象性ももたないものを作り出し、それを畏れ、それに従ってきたのか。そもそも「神」というものに具体的な事物のような対象性がないのだとしたら、神を敬い、信じ、神に従うとき、人はいったい何を敬い、信じ、何に従っているのか。あるいはまた、人はなぜときに他の人間の命令や指示に嫌だと思いながらも従ってしまうことがあるのか。それ自体は紙切れや金属のメダルにすぎない貨幣が、なぜ価値あるものとして使用され、流通するのか。しかも、食べ物も衣服も、土地も、労働も、ジェットコースターに乗る楽しさや歌声まで、じつにさまざまに異なるものや出来事が、この紙切れや金属が示す価値で等しく計られ、売り買いされてしまうのはなぜなのか……などなど。

普通のことの謎と驚き

これらの〝問い〟には簡単に答えることはできないし、なんらかの答えにたどりついたとしても、その答えは多分、普通の意味で〝役に立つ〟答えではない。にもかかわらず、そのような問いに気づくこと自体が、私たちの生きる社会や世界について知る、一つの知り方である。私たちが通常それとして問うことのないさまざまな営みや出来事が、さまざまな謎に満ちたものであることを知ること。それは一つの驚きの経験である。そのとき、日常の風景は、それについて考えるに値するものとして現われてくるだろう。そして、その謎について考えることは、私が生きる世界や社会について、そしてまたそれを生きる私たちについて、より深い了解や認識に達するということだ。ちょうど山登りで苦しい坂道を過ぎ、頂上ではないけれども展望の開けた場所に出たときに、そこに広がる新たな視界に新鮮な驚きを感じるような興奮と感動が、確かにそこにはある。

日常的な意味で〝役に立つから考える〟というのは、しばしばそうした〝役に立つ〟という目的のために、考えることの幅をとても狭くしてしまう。たとえば、この本の後のほうで「ひきこもり」について考えることになるのだが、〝役に立つ〟という点からひきこもりについて考えるとすると、「ひきこもりをどう解決するか」とか、「ひきこもりもじつは役に立つ」といった話になってしまうだろう。だが、ひきこもりについて考えられることは、それだけではない。「ひきこもり」と言われる現象もまた社会的な関係やつながりの形なのではないかとか、そもそもある状態が「ひきこもり」という言葉で対象化され、問題化されるのはどのような社会の仕組みによっているのかといった、普通の意味では役に立たないかもしれないが、それによって「ひきこもり」と呼ばれる出来事や現象についてより明晰な理解を与えてくれるかもしれない考え方、それによって「ひきこもり」という問題についての現在の考え方が霧のように消え失せるかもしれず、もしかしたらなんらかの役にも立つかもしれない考え方や問いの立て方が存在するのだ。

〝うっとりと生きること〟からの目覚め

だが、社会について考えることは、ときに社会を〝うっとりと生きる〟ことを難しくすることもある。なぜならそれは、私たちが当たり前のものとして生きている考え方や役割、ルールといったものをときに否定したり、相対的なものにしたりしてしまうからだ。

〝うっとりと生きる〟というのは、自分がしていることや置かれている状況について取り立てて反省することなく、そこにすっぽり入り込んで楽しんだり、喜んだり、あるいは悲しんだりすることだ。ある状況や行為に「内在すること」と言ってもいい。

たとえば、多くの現代人にとって「恋愛」というものは、一定の年齢になれば大抵の人が、「片思い」や「失恋」という形であれともかくも経験するもので、ごく自然な感情の現われであるということになっている。「いくつになっても恋愛したい」といった言葉を雑誌や新聞の紙面などで見ることがあるように、それは人間にとって本来的な感情の現われで一般に好ましいもの、できることなら素敵な恋愛をし、成就したいものと考えられている。だが、このように〝自然な〟感情である恋愛が、じつは特定の時代の特定の社会でのみ〝自然〟と考えられている感情であるとしたらどうだろう。恋愛や友情も、親子の情といった感情も〝自然〟な感情などではなく、社会の中で形作られた感情の形であるというのは、現代の社会学や歴史学ではすでに常識になっている。〝恋愛する〟とは、そのように作られた感情の鋳型の中に自分の感情を流し込み、意味づけ、あたかもそれが〝自然〟であるかのように生きることに他ならないとしたら、あなたはもう恋愛という関係を〝うっとりと生きる〟ことはできなくなるかもしれない。もちろん、「社会について考えること」と「社会を生きること」とはさしあたり別ではある。だが、「社会を生きることについて考える」という部分を自分の中にもったとき、人はつねにどこかで自分や、自分の生きる社会について反省的に考える契機をもつことで、実際に生きることに対する距離や落差を感じ続けることになるだろう。

その一方で、この〝うっとりできなくなること〟は、ときに人を自由にする。社会というのはなかなか巧妙なもので、ときに理不尽なことを〝正しいこと〟であるかのように見せる仕組みをもっている。暴力的な親や配偶者に従うことを「孝行」や「愛情」だと思ってしまうこと。自分に責任のない差別や不利益を、自分の能力や運のなさによるものだと思ってしまうこと。社会について考えることは、そうした理不尽さから人を目覚めさせる可能性をもっている。そしてまた、そのような理不尽さとは異なる関係の可能性を考える力を与えてくれるかもしれない。

「別の仕方で知ること」へ

社会についてなぜ考えるのか。少なくともそれは、どうしたって生きなくてはならないこの社会をよりよく知ることを可能にする。しかも、普通言う意味で「社会について知る」ということとは別の仕方で、そうした「知り方」がさまざまに可能な知り方の一つであるということも含めて知ることを可能にする。そしてそれによって、私と社会との関係がこれまでとは違った見方で見えるかもしれず、そのことが私や私の生きる社会が抱える問題や可能性について、より大きな視界を与えてくれるかもしれない。

だが、ではどのようにして考えたらよいのだろうか。そのための一歩へと、次の章から踏み出すことにしよう。

【補説】専門家であることと、生活者であること

専門家に何かを任せきってはいけない。専門家ではない市民もさまざまな問題に関心をもつべきだし、専門家も市民の声に耳を傾けるべきだ。こうした言葉がマスコミや市民運動にかかわる人びとの口からしばしば発せられる。そうした言葉の言わんとすることが、目指すべき理念や理想としては「正しい」ことを私は否定しない。

だがしかし、私たちが今生きている社会では、きわめて多岐にわたる専門化した領域に対し、そうした専門の知識に通じていない人びとが関心をもったり、意見を表明したりすることはきわめて難しい。そもそも専門化とは、多くの人がそのような知識や関心をもちえないような高度な科学や技術を可能にし、それについてほとんど（あるいはまったく）何も知らなくともその成果を享受できる知識のあり方なのだというのも、動かしがたい社会学的事実である（このことについては本書第８・９章も見てほしい）。社会学者としての私は、私たちが今暮らす社会がそのような社会であるということ、たかだか社会学の専門家にすぎない私もまた、他の領域については一介の生活者として明確な判断も意見も必ずしももちえない素人にすぎないということを、社会学的な事実として認めている。だから、冒頭に述べたような意見は〝正しい〟けれどもときに現実性をもたない意見なのだ。

社会について考えようとするとき、私たちにとっての課題は「意見をもつこと」ではなく、まずは「現実を知ること」である。私たちがどのように世界や社会とかかわっているのかということを知ることなくして、社会の中に存在するさまざまな「現実」にどうかかわりうるのかということについての現実的な意見をもつことはできない。

第2章　私の中の社会

考えるための補助線

社会について考えるといっても、では何について考えると社会について考えることになるのだろうか。

社会について考える仕方は、いろいろある。社会科学と呼ばれる分野だけでも、法律学、政治学、経済学、社会学、社会思想史、国際関係論といったいくつかの分野があるし、個々の分野にも「○○政治学」とか「××論」とか「△△分析」といった細かい専門領域がある。哲学や倫理学、歴史学や宗教学といった人文科学の諸分野や、地理学や人類学などの自然科学と社会科学、人文科学を横断する学問も、人間とその社会を（も）対象としている。文学研究や芸術研究でもしばしば社会について考えるし、小説や詩、演劇や映画、絵画や写真といった芸術表現も、社会に対する思考とその表現だということができるものが多い。人は社会というものについて、じつにいろいろな対象に即して、いろいろな仕方で考えることができる。たまたま出合ったり、偶然専門に学んだりした方法を、社会について考える唯一の仕方だと勘違いしないためにも、このことはよく覚えておいたほうがよい。

こんなふうにたくさんある社会についての考え方の、もちろんすべてをこの小さな本で紹介することはできない。そのただ一つの分野や領域についてすら、ここでは十分に紹介することなどできないだろう。また、そうした紹介の本ならもう数多く存在している。

そもそも私は、ここで何かの「紹介」がしたいのではない。ある種の考え方で社会について考えるための補助線を何本か引いてみること。それがここでやりたいことだ。

ここで「補助線」と言っているのは、それに沿って考えてみると社会について考えるある思考の型が大きな形で見えてくるような、ガイドラインのようなもののことだ。あるいは、次のように言ってもいい。はじめて自転車に補助輪なしで乗ることを練習するとき、後ろから誰かに支えてもらって走ったことがあるだろう。支えがあると思って走っていて、ふと気がつくと自分一人で走っている（場合によっては、そのことに気がついたとたんに転んでしまったりもするけれども）。そんな支えのような、考え方の道具と筋道のいくつかを示すことが、ここで私がしてみたいことだ。

政治、経済、社会問題

さて、社会について考えようというとき、多くの人が思いつくであろう対象は、政治や経済、法律や国際関係といった領域だろう。先に述べたような政治学や経済学、法律学や国際関係論といった学問分野が、それに対応することになる。確かにそれらは、私たちの生きる社会の重要な領域だ。それらについて考えることは、私たちの生きる社会のある部分を考えることになる。

社会について考える別の切り口は、環境問題や人権問題、少年非行や性差別などの「社会問題」である。社会の中で、自然ではなく社会やそこでの営みを原因として、さまざまな問題が起こっている。それらの問題の実態や原因を探り、その解決法について考えること。それもまた社会について考えることだ。

だが、ここで考えたいのはそうした社会問題から社会を考えることではない。

前の章で私が、「それはちょっと……」と言ってしまいたい自分と社会の間の〝落差〟について述べたことを思い出してほしい。右に述べた政治や経済、法律や国際関係といった「社会的」な領域や、さまざまな「社会的」な問題は、しばしば私が「それはちょっと……」と言った落差の〝向こう側〟のものとして現われてくる。新聞で言えば、政治面や経済面、裁判の記事や社会面の比較的大きな事件や問題として取り扱われる「社会的」な事柄と領域。誰もがそれを大切で公的な問題と認めるにやぶさかでないような「社会」や「社会的」「社会問題」。だが、そうした「社会」や「社会問題」の手前、あの落差の手前や、落差それ自体の中から、私やあなたにいろいろな意味でもう少し〝近い〟場所のほうから、社会について考える道筋について、ここでは考えてみよう。それは、右にあげたような大きくて硬い感じのする「社会」や「社会問題」から引き下がった場所で、というのではない。大きくて硬い「社会」や「社会問題」もまた、その補助線の向こうに考えることができるのだが、さしあたり一足飛びにそこに行くのではなく、もっと手前から考えてみたいのだ。

私が先か、社会が先か

常識的に考えると、「社会」というものは「個人」の後から現われる。社会を構成するメンバーや要素である個人がまずあって、そうした個人のあつまりやつながりとして社会が存在するというのが、多分ごく普通の考え方だろう。社会を構成する要素である個々人なしに、それ以前に存在する社会などという奇妙なものは、どこにも存在しないからだ。

だが、本当にそうなのだろうか？

私やあなたといった個々人の人生の具体的なあり方から考えてみよう。

アダムとイヴのような神話の中の「最初の人間」はともかくとして、私たちが生まれてきたときにはすでに、そこには「社会」——他の人間たちが作った関係や集団やルールや慣習——が存在していた。私たちはみな、自分に先立って存在する社会の中に生み出され、その社会に組み込まれて、社会の構成員になったのだ。こうした事実関係に即してみれば、社会は個人の後から現われるのではない。逆に、個人はつねに社会の中に産み込まれる。私の存在は、社会の存在に対していつも遅れて、社会の中で与えられるのだ。

生まれたばかりの赤ん坊は、さしあたり社会的な個人ではなく、生物としてのヒトの個体にすぎない。だが、そのヒトの個体としての赤ん坊は、生まれてすぐに周囲の人間たち——すでに社会を生きている人間たち——によって、息子や娘、子どもとして扱われ、子や孫といった親族関係上の位置や名前を与えられ、〝社会の中の個人〟として扱われる。自分自身を社会の中の誰かとして自覚する以前に、周りにいる人びとによって〝社会の中の個人〟にさせられるのだ（このことを考えるための事例として、心理学や教育学ではいわゆる「野生児」——オオカミなどの動物に育てられたり、人間の社会から離れて自然の中で生きたりしてきた子ども——のことがしばしば言及されてきた。このことについては【補説】を見てほしい)。

私自身もかつてそうだったし、私の子どももそうだったのだが、幼年期の子どもは自分自身を言う一人称として、「僕」や「私」という言葉以前に「＊＊ちゃん」という他者から名指される二人称的な言葉を使う。それは、人が社会の中で見出すのが、「自分にとっての自分」である以前にまず、「人から呼ばれる自分」であるからだ。「僕」や「私」という言葉を獲得した後でも、この間の事情は変わらない。なぜなら、「私」とは「他者から＊＊と呼ばれる私」であるからだ。「あなたは誰?」と聞かれたとき、「私は＊＊です」というその名前や属性。それは、私やあなたが他の人びとから呼ばれる名前や属性――学生だとか、主婦だとか、会社員だとか――である。別の言い方をすると、「私」という一人称は、人から「＊＊」と呼ばれる存在を、当の存在が呼ぶときの呼び名であるということだ。「私」とは、つねに、そしてすでに「他の人びとの中の誰か」であり、「他の人びとにとっての誰か」なのである。

個人がいつでも社会に対して遅れて、社会の中でその存在を与えられるということ。それは、人がいつも他の誰かとのつながりの中で、自ら「私」と呼び、「僕」と呼び、「自分」と言う〝誰か〟になるのだということである。

人、もの、土地、死者

この〝つながり〟について、もう少していねいに考えてみよう。

まず私は、他の誰かと同じ時間の中で、ある空間や場を共有して生きており、そこで誰かとのつながりの中に置かれている。家の中で、地域の中で、学校で、会社で、もっと広い社会の広がりの中で、私たちはそこにいる誰かとさまざまなつながりをもち、そのつながりの中の「誰か」として、他の人びとと関係している。そのつながりの中で私たちは、名前や役割や、性別や年齢といった属性に即した呼び名で他者から呼ばれ、そのような「誰か」として接せられ、応対される。そうしたつながりの中の私の位置や扱いが、私にとっていつも快適とはかぎらない。いじめや差別のように、どうしてもそこから抜け出したいような位置や扱いもある。そうしたひどい扱いや関係から抜け出ようとする私の存在もまた、そうした扱いや関係の中で、そうした関係の後から私の中に現われてくる。私が私を見出す〝つながり〟とは、私が自らの存在を見出すそうした状況のことだ。

こうしたつながりの相手は、必ずしも人間でなくともよい。犬や猫のようなペット、野山の獣や鳥、魚や虫でもいいし、家や田畑、山や川のような環境でもいい。神や精霊や魔物や死者のような、現代人の多くから見ると想像上の存在であるものたちでもいい。たとえば農業社会では、人は他の人びとと結びつくのと同じように、ときにそれよりもずっと強く大地と結びついている。狩猟採集する社会では、野山の動植物やその精霊とのつながりが、ときに生身の人間とのつながりよりも大切だろう。現代の社会では、人とのつながりよりもお金とのつながりのほうが大切かつリアルだという人もいるかもしれない。ともかく、そのようなさまざまな空間的つながりの中で、人は「自分」を見出し、そんなつながりの中の「誰か」になる。同じ時間の中である空間や場を共有する人やものとのこのようなつながりのことを、同じ時を共有するという意味で「共時性」や「共時態」という言葉で言い表わすこともある。

けれども、人が自分を「誰か」として見出すつながりは、共時的なつながりだけではない。右に私は「死者」とのつながりということを述べた。このとき「死者」という存在はどこにいるのだろうか。注意してほしいのだが、私はここで「死体」のことを言っているのではない。死体、つまり死んだ人間の体は、いつも現在という時の中に現われる。エジプトのミイラは何千年も前に作られたものだが、私にとってそれは「今、ここにあるよく保存された死体」である。それに対してここで「死者」と呼んでいるのは、死体になってしまった身体の中にかつては〝生きた人間〟の人格として存在していたが、いまやその身体が死体という物になってしまったので、その身体から切り離して考えられる〝死んだ人間〟の人格のことだ。

ご先祖様とか祖先とかいうのがその典型である死者は、一方では現在に存在する共時的存在として現われる。たとえばお盆の迎え火をするとき、そこで迎えられるのは、「今ここに彼岸からやってきた死者の霊」である。だが他方で死者は、過去に存在するものとしても考えられる。「私たちの先祖は……」とか、「祖先から継承された伝統として……」とか言うとき、「先祖」や「祖先」という言葉で総称されるのは、かつて生き、けれども今は死んでしまってもうここにはいない死者たちの群れである。だが、過去に位置するこの死者たちと私たちは、時の隔たりを超えてつながっているものとして考えられている。言語が、文化が、知識が、伝統が、かつて生き、今は死んだ人びとから継承されて今あるものとして存在しているからだ。苗字というのは、両親とのつながりを示しているだけでなく、その苗字を継承してきた今は亡き数知れぬ人びとのつながりの中に個々の人びとが生きていることを示す符牒のようなものだ。また「日本人」とか「韓国人」、「アメリカ人」や「フランス人」といった言葉が使われるとき、そこで意味されているのは現に生きている諸国民の共時的な集合体である場合もあるけれども、そのような共時的なつながりを超えた歴史的連続体としての人びとの群れを意味することもしばしばである。

私たちの生きている世界は、風景や町並み、建物のような有形のものも、言語や文化、法や制度のような無形のものも、その少なからぬ部分——分野によってはほとんどの部分——が、すでに死んでしまった人びとによって作られている。私たちは、その多くの部分が死者たちによって作られた世界に生まれてくる。私たちが経験する「死者たちの作った世界」は共時的な現在である。だが、そのような共時的な現在を生きているということは、その世界を通じて私たちが死者たち、その個々の名も顔も知らぬ無数の死者たちとのつながりを、多くの場合は取り立てて意識することもなく生きているということだ。そうしたつながりを、歴史や時間の流れを通じての関係であるという意味で「通時性」や「通時態」という言葉で言い表わすこともある。

「結び目」としての「私」

「私」という存在は、さまざまな他者や事物との共時的、通時的なつながりの中の「結び目」のようなものとして存在している。それは、私という存在が「社会の中」に存在しているということだ。そしてそのことは、私やあなたが現にある私やあなたであることが、すでに社会的な関係の中で与えられる社会的な出来事であるということ、その中で私もあなたも、死者をも含んだ私以外の他者たちから与えられ、我がものとした言葉を使い、やはり他者たちから我がものにした慣習や道徳に従って生きているということだ。とすれば、社会について考えるとき、その対象は法律や政治や経済の中に、そしてまたさまざまな「社会的問題」の中にあるだけではなく、この私という存在や私の日々の営みの中にすでに存在しているのだということになる。

私は社会の中に、つねに社会から遅れて現われる。そして、私も、私の日々の生活も、社会の中で生じる社会的な出来事なのだ。

【補説】「野生児」は存在するか？

野生児の例としては、一九世紀の末にフランスで見つかりヴィクトールと名づけられた〝アヴェロンの野生児〟、一九二〇年代のインドでオオカミの群れの中にいるのを発見・保護されたとされる〝オオカミ少女〟アマラとカマラなどが有名である。保護された後の彼／彼女らが言語の習得をはじめとする社会化が十分にできなかったことから、これらの事例は「ヒトを人間にするのは幼児期からの社会内部での養育である」ことを示す好例としてしばしば言及されてきた。だが、これらや他の類似の事例は、じつは自閉症やある種の精神疾患をもつ子どもが親から捨てられたり、原野や森林に迷い込んだりした後に生き延びたのではないかという説が今日では有力で、動物が人間の子どもを育てたという話に関しては器質的、行動学的、生理的などの理由からほぼ否定的な見解が支配的なようだ。

右のような「野生児」の事例とは少し違うケースとして有名なのは、一八二八年にドイツに現われたカスパー・ハウザーの例がある。一〇代半ばまで人間との接触をほとんど断たれた状態で幽閉されていたと推測されるカスパー・ハウザーは、人びとの前に現われた当初はほとんどまともに話せず、振る舞いも幼児的だったが、その後、言語的にも知的にも著しい成長を示したとされる。同じように肉親ないし周囲の者から他者との接触を断たれた状態で育った子どもも「野生児」と言われることがある——現代なら「被虐待児」というほうが普通だろう——が、報告されている他の事例にもカスパー同様の著しい発展・成長を示す例があることから、幼少期に社会から引き離された場合でも社会化する能力が人間にはあると見るべきだろう。

もちろんそれは、そうした被虐待児が社会からの隔離によって、なんらの傷や障碍を受けなかったということではない。幼少期に周囲から名前を呼ばれず、その名の下に自らを位置づける経験を与えられなかったこと、自らの中に社会を迎え入れる経験を阻害されたことは、その人の存在になんらかの大きな影響を与えずにはおかないだろう。こうしたことを考えるための事例を私たちは、精神病理学や精神分析の論考や書物の中に見出すことができる。

第3章　主観的なことと客観的なこと

「主観的なもの」が客観的に存在する

私やあなたが社会の中にいるだけでなく、私やあなたの中にも社会があるのだということを前の章で述べたけれど、そこから次のような疑問を感じる人もいるかもしれない。私の外側の、私やあなたがその中に存在している社会、数多くの人びとのつながりや結びつきが形作っている社会は、確かに客観的に存在している。けれども、死者への想いや、精霊とのつながりのようなものは、個々人がそう考えているだけの主観的なものにすぎないのではないだろうか？　そうだとすると、そんな主観的なものについて考えることは、客観的に存在する社会について考えるのと同じくらいの意味があるのだろうか？　そんな疑問だ。

科学や学問は主観的なものではなく、客観的なものを、客観的な方法で解明するものだというのは、科学や学問についての常識的な理解だろう。もっとも現代の科学論や科学哲学ではクーンのパラダイム論に見られるように、こうした素朴な客観主義は否定されている（→【補説1】）。それにしても、理科の実験結果がそれをする人の主観によって異なっては困るし、ある地域の地形が測量者によって全然違ったりしたら困ってしまう。

社会について考えるときでも、国家の財政の額や企業の売り上げ、家計といったものは客観的な数値として調べることができる。法律や政治制度なども、客観的な文言やルールとして、誰にとっても同じ客観的な事実として存在しているように見える。犯罪や差別、公害のような社会的な問題も、人びとの思い込みではなく客観的な出来事や事実として起こっている。人びとの日々の暮らしも頭の中の出来事ではなく、現に生きている人間たちの間の実際の行動を通じて進んでゆく。この意味では確かに、社会は客観的に存在している。

けれども、右にあげた死者への想いや精霊とのつながりのように、社会の中には必ずしも客観的とは言えないさまざまな事柄もまた見出される。

死者や精霊、あるいは神のように、普通言う意味で客観的でないものを畏れ、鎮め、祈り、崇拝する営みは一般に「宗教」と呼ばれている。宗教が畏れや祈りの対象とするものは、客観的な事実ではない。なるほど、死者として畏れ敬われる人びとは、かつては生きた人間として客観的に存在していただろう。また、神の怒りとして理解される天変地異や、何者かの呪いとして理解される事件や出来事も、客観的な出来事として存在する。山や滝が神として信仰され、鹿や蛇が神の使いとして敬われることもある。だがしかし、前の章で述べたような「死んだ人の人格」としての「死者」は、生きた人間のような客観的な対象として存在するのではなく、その存在を信じ、想い、畏れ、崇拝する人びとの心を通じて主観的に見出されるものだ。神や呪いも、ある出来事の中にそれらを見出し、読みとる人びとの意識とともにある。死者や神や精霊を信じ、畏れ、敬う営みは、それらを信じていない人びとにも客観的に観察可能な出来事としてあるけれども、そこで信じ、畏れ、敬われる対象の死者や神や精霊は客観的な存在ではない。宗教という社会現象は客観的なものとして存在するが、それは主観的な意識を核心としている。

宗教など、迷信と同じく、現代の社会ではとるにたらないものだと考える向きもあろう。だが、太古の昔から今日にいたるまで、人間の社会はついぞ宗教と完全に切れたことがない。これは客観的な事実である。かつて存在したあらゆる社会は、それぞれ固有の宗教をもち、それらは単に「心の問題」などではなく、政治や経済、文化などと緊密に結びついていた。キリスト教やイスラム教、ユダヤ教やヒンドゥー教が、ヨーロッパやアラブ、インド、アフリカなどの地域で今日までもち続けている強い力——ときに殺しあいをも正当化する力——を思い浮かべればわかるだろう。日本人の社会生活の中にも、仏教や神道、祖先崇拝やアニミズム、陰陽道などのさまざまな宗教が、ときに明確に意識されないままに深く浸透している。神道や祖先崇拝は「宗教」ではなく「習俗」だという、しばしばなされる言い方は、そうした宗教がいかに深く日常化し、常識化しているかを示しているのだ。

無宗教という宗教

一つ具体的な例をあげよう。葬儀の現代的な形態として、「無宗教」の葬儀というのがある。特定の宗教によらず、読経も祈禱も説教もない葬儀。だが、それは本当に無宗教なのだろうか？

無宗教の葬儀では、確かに既存の宗教的な権威や教義は存在しない。けれどもその一方でそこでもまた、死者を悼み、死者に別れを告げる儀式は存在する。死者と別れを告げるのは、死んだ人間の人格としての死者の存在は少なくとも信じるからだ。客観的に考えるなら、死とは死んだ人間の意識作用の消滅でもあるから、死んだ瞬間にその人の人格は存在しなくなる。にもかかわらず、その存在しない人との別れを執り行なうのは、その人が「死者」として存在することを人が主観的に意識し、その人との別れに意味を見出しているからだ。このように死者を信じ、その死を悼むことは、まぎれもなく宗教的な振る舞いだろう。

ところで、たいていの宗教的な営みにおいて、死者や神、精霊は個人的に信じられているのではない。特定の個人を超えて多くの人が、死者や神、精霊の存在を信じ、それらの存在との関係を儀式や行事として執り行なっている。つまりそれは、個人の主観における出来事ではなく、多くの人びとの主観に共有された出来事なのだということだ。複数の人間の主観に共有されるこうした事柄を指して、「共同主観性」や「相互主観性」、「間主観性」という言葉を使ったり、「集合意識」や「社会意識」という言葉を使ったりする。これらの言葉はそれぞれ微妙にニュアンスの異なるものとして使われることもあるのだが、ここではそれにこだわらず、ゆるやかにこれらの言葉を使っていこう。

林檎教

共同主観性や集合意識は、いったいどこにあるのだろう。

意識や主観が個々人の脳の中で生じる意識現象であるとすれば、それらが存在する具体的な場所は個々人の中にしか考えられない。とすれば、共同主観性も集合意識も、ようするに同じ内容を個々の主観や意識が共有しているものだということだ。だがしかし、共同主観性や集合意識は、たまたま複数の人が同じように感じたり、考えたりすることではない。

たとえばの話だが、ある日、私が林檎の実にふと〝聖なるもの〟を感じたとしよう。そしてたまたま私の知人の誰かも同じころ、やはり林檎の実に〝聖なるもの〟を見てとったとする。それだけならそれは、二人の人間がたまたま同じ主観をもっただけで、共同的でも集合的でもない（少なくとも、ユングの言うような「集合的無意識」や「シンクロニシティ」といった神秘主義を持ち出さない限りはそうである（→【補説2】））。だが、そうした私とその知人が、あるときお互いがともに林檎に聖性を見ていることを知り、そのことについて語らい、林檎教団を結成し、その教義を整備し、布教して仲間を増やしていったとしよう。このとき林檎への思いは単なる主観ではなく、共同主観性や集合意識と呼ぶにふさわしいものになる。林檎教徒として、そしてその創始者の一人として、私は林檎教を自分の意識の中で信じるけれど、その教義はもはや私個人のものではなく、私の友人や新たに教徒となった人びとと共有されていて、私個人が勝手に変更したりできないものになってしまう。共同主観としての林檎教が、私の個人的な信仰を縛るものになるわけだ。

この「林檎教」の例が示すのは、物理的、生理学的には主観は個々の脳内にしかないが、それが共有されるとき、個々人の意識を超えて「共同的」で「集合的」と呼ぶべきものになるということだ。そして、それが共同的なものや集合的なものになるということは、その意識が私一人によっては勝手に変更できないものになり、ときに私の主観を拘束するものになってしまうということである。この意味では共同主観や集合意識は、具体的には私の意識の中にありながら、それが他の人びとにも共有され、他の人びとともに思われ、信じられることにより、私の外側にあって私に拘束力を及ぼすものとしても現われてくるのである。

愛という規範

こうした事例は、なにも宗教だけに見出されるのではない。私たちの日常の、ごくごく普通の事物にも、同じようなあり方と力を見ることができる。

たとえば愛、あるいは恋愛と呼ばれる現象について考えてみよう。

愛も恋愛も、個人的な想いの典型である。多くの場合、人は個人的にある人や対象を愛する。もちろん、子どもや孫たちがその親や祖父母をみんなで愛するということはあるだろうし、共通の憧れの対象を複数の仲間がともに愛するということもある。けれどもそうした場合でも、結局のところそうした兄弟親族や仲間のそれぞれが個人として愛しているのであって、彼らに共通な意識を通じて愛しているのではないと普通は感じられ、考えられるだろう。人を、そして誰かを愛するということは、現代の私たちにとっては個人的な事柄の典型である。

だがその一方で、私たちは他人の恋愛や愛情にまつわる事柄について「そんなのは本当の愛情ではない」と感じたり、あるいは逆に「これこそ本当の愛だ」などと考えたりするし、そのことについて他の人と語りあったりすることもある。また、他者や親族に対する、自分では漠として捉えどころのない思いに対して、友人や知人から「それって愛してるってことじゃないの」などと言われることで、納得したり反論したりすることもある。それどころか、世の中には「恋愛論」と称する愛や恋愛についての考えや議論がつづられた本までが数多く存在しており、それらを読むことで自分の他者への愛について考えたり、反省したりすることもある。

それはつまり、それについて評価したり、批判したり、議論できたりする対象として愛や恋愛が存在しているということ、愛や恋愛の純粋性やあるべき姿について、互いに語りあうことができるような共通の了解や認識を私たちがもっているということだ。そしてこの点において愛も恋愛も、共同主観的なものであると言うことができる。愛は私たち個々人の意識の中にあると同時に、私たちの間に、私たち個々の愛情や恋愛がそれをモデルとし、それに照らして判断されるようなもの――そのようなものを「規範」と呼ぶことにしよう――としてある。

椅子の社会性

別の例として、ちょっと奇妙に思われるかもしれないが、椅子という家具について考えてみよう。ある物が椅子であるというとき、それは私たちの社会で暮らす多くの人がそれを椅子と見なす形や大きさ、素材をもっている。座るという機能に関してはバケツでも樽でも踏み台でも同等である場合があるけれども、私たちはある種の形や素材、大きさのものを一般に「椅子」と呼んで、バケツや樽や踏み台から区別している。このとき、「椅子」と見なされる物は確かに客観的なものとして存在しているけれども、それを「椅子」と見なして他の道具や物から区別するのは人間の意識である。

たとえば私個人は自分の部屋でバケツを椅子として使い、それを「椅子」と呼び、洗面所にあるバケツとは区別しているとしよう。けれども私の部屋を訪れる友人はおそらく、私の「椅子」を「椅子」とは見なさず、「椅子代わりに使われているバケツ」であると言うだろう。何が椅子で何が椅子でないかということは個人の主観を超えて、共同主観に根拠をもつ事柄だからである。

他の道具でも、たとえばコップと湯吞みの違いや、皿と鉢の違いについても同様である。物として存在し、共同主観性において特定の名と機能をもつ道具として他の道具や物から区別される。それらは私はコップと湯吞みを区別しないで使うことができるし、それらの区別を無視して個人的にどちらも「コップ」と呼ぶことができるが、私の友人知人や、その他の任意の他者たちに「いや、こっちのほうはコップでなくて湯吞みだよ」と指摘されたなら、「ええ、でも私の家ではそれは区別していないんです」とは言えても、「いいえ、それは湯吞みではなくコップなんです」とは主張できない。仮にそう主張したとしても、ただちに否定されるだろう。ましてその湯吞みが実は椅子なのだとか、コンピュータなのだとか言うことはできない。そのように主張したなら、私はふざけているか狂っていると考えられるだろう。なぜなら言葉と物の対応関係は共同主観的な規範であって、私が個人的に改変できるものではないからである。

貨幣と物神性

宗教についてはともかく、愛や椅子や湯吞みについての事例はあまり「社会的」ではないと感じてしまう人もいるかもしれないので、別の例をあげてみよう。

それ自体は紙切れや小さな金属片にすぎない貨幣に「価値」があるのは、ある社会に生きる他の人びとがみなそれらの紙切れや金属片に価値を見出し、それと商品やサービスを引き換えてくれるからである。だがしかし、何かのきっかけで人びとがそれに価値を見出さなくなったとしたら、貨幣の価値は暴落し、ただの紙切れや金属片になってしまう。貨幣というものがそれに価値を見出す人びとの共同主観性の中に存在の根拠をもっているからだ。貨幣や商品の中に見出される価値のあり方を指して「物神性」と呼ぶことがあるが、それは「神」がそうであるような共同主観的で集合意識的な価値を、貨幣や商品という物が帯びることによっている。

あるいは、国家。国家の定めた法や制度に人びとが従うのは、必ずしも警察や税務署が怖いからではない。いろいろ気に入らないことがあるにしろ、国家の統治をそれなりに正しいものとして人びとが受け入れているから――これを「正当性」あるいは「正統性」を認めるという――だ。だが、たとえばその政策があまりにむちゃくちゃで特定の人びとの利益だけを追求していたり、大多数の人をより貧しく、苦しい状況に追い込んでゆくような場合、人びとは国家の統治を正当なものとは見なさなくなり、政変や革命が起こったりする。国家の体制や制度は客観的な法令や組織とともに存在しているが、それらが人びとに受け入れられ、存続し、機能してゆけるのは、暗黙の形であれ人びとがその正当性と正統性をある程度認めているからだ。それが正しくないと考えれば、ときに面と向かって、そしてまたときにさまざまな狡知を駆使して、人は国家に抵抗し、その裏をかくだろう。クラスのメンバーが教師の指導を受け入れるべき正当なものとして認めないと学級崩壊が起こるように、国家もまた人びとの集合意識に支えられ、その変化によって崩壊することがある。国家も学級も、この意味で客観的であると同時に共同主観的なのだ。

宗教も愛も、道具も、貨幣や国家も、客観的な出来事としての対象性をもつと同時に、主観的で共同的、集合的な意識とともにある。社会は客観的な相貌と共同主観的な相貌をもち、その客観的な相貌も相互主観的な意識によって支えられている。なぜならそれは、人間が言葉を話す生き物であり、言葉の中に住まう生き物であるからだ。このことについて、章をあらためて考えてみることにしよう。

【補説1】科学の客観性について

アメリカの科学史家・科学哲学者のトマス・クーンは『科学革命の構造』の中で、科学はそれぞれの時代や社会で科学者が従う思考の枠組みや規範に規定され、その枠組みや規範に従って世界を観察し、理解する営みであるとして、そのような枠組みや規範を「パラダイム」と呼んだ。あるパラダイムが他のパラダイムに取って代わられることを、「パラダイム転換」という。地球を中心とする天動説から太陽を中心とする地動説への移行や、均質な空間と不可逆的で等速に流れる時間の中にある物理的世界を想定するニュートン的な古典力学から、物質の質量によって歪む空間や物質の運動によって伸び縮みする時間をもつ世界を考えるアインシュタインの相対性理論の世界への移行などが、「パラダイム転換」の典型的な事例である。

パラダイム転換は物の見方の「進歩」というよりも、同一の観察対象に対する解釈の枠組みの変更であり、「観察すること」のあり方の転換である。そうだとすると、科学が私たちに提示する世界像もまた、「何をどう観察し、観察したものをどう解釈するか」ということに関する共同主観的な規約——パラダイム——に規定されているという意味で、人間の存在を超えた客観性をもたないということになる。あるいは、このように言ってもいいかもしれない。パラダイムとは、何が客観的な科学的事実かということに関する共同主観的な規範なのだ。

クーンのように科学を歴史的・社会的に規定されたものとしてみる見方は「相対主義」と呼ばれる。もちろんそれに対しても批判がないわけではない。

【補説2】シンクロニシティとユング心理学

本文で書いた林檎教の始まりのように、互いに因果関係のない複数の出来事の間に「偶然の一致」が見られるとき、それは「偶然」ではなく「シンクロニシティ＝共時性」という関係がそれらの出来事の間にあると考えられるという〝理論〟を、分析心理学——フロイトの精神分析から袂を分かったユングが創唱した学問の名前——の創始者カール・グスタフ・ユングは提唱した。シンクロニシティは、集団や民族、人類の共通の先天的な意識基盤であり、思考の原型がそこにあるとユングが考えた集合的無意識に基礎をもつとされる。

ユングの考える集合的無意識が先天的で普遍的なものだとすると、それは社会学が考えるような「集合性＝社会性」ではない。社会学が考える集合性とは、人が生まれる以前からもっていてどんな人にも共通するもののことではなく、人が生まれた後から参入したり、受けとったりする、人びとの間で分かちもたれ、人びとの関係の中に根拠をもつもの、それゆえ歴史的、社会的な状況によって異なる形や内容をとるものだからだ。

　フロイトや、フロイトの思想を受容・発展させたラカンの精神分析の理論や思想が現代の社会学に大きな影響を与えているのに対し、ユングの分析心理学の影響がさほどではないのは、このことにもよっているのだろう。その一方で、現代の日本では河合隼雄の紹介によるユング心理学およびユング的な考え方の社会的な影響力や、ユング的な思想との親和性をさまざまな場所で見ることができる。その理由は、河合隼雄という学術界を超えた文化的及び政治的影響力をもつ人物の存在によって説明できるかもしれないが、そもそも河合隼雄によるユングの紹介や日本文化論への応用が〝受けた〟ことの理由や意味が、社会学的には分析されなくてはならないだろう。

第4章　うたっているのは誰？

言葉が人に話させる

人は他の人びととの共時的かつ通時的な〝つながり〟の中で存在を与えられるのだということや、社会的なものが主観的であると同時に客観的であるような共同主観的なあり方をするものだということについて、先立つ章では考えてきた。

ではそうしたつながりは何によって、そしてどのように可能になるのだろうか？

人間の社会でそうした〝つながり〟を主観的かつ客観的なものとして可能にしているものの一つが言葉（＝言語）である。

人は言葉を通じて他者とつながる。私は言葉を使って主観的に――つまり自分の考えとして――考えるけれど、その言葉は私が考えたものではなく、両親や周囲の人びとなど、私が言葉を知る以前にすでに言葉を使っていた人びとから受けとったものだ。そしてそれらの人びともまた、彼らに先行する人びとからその言葉を受けとっている。私の言葉はまた、今をともに生きる他の人びとの言葉からも自由ではない。言葉を通じて他者とつながろうとする以上、私は他の人びとの言葉と無関係に自分自身の言葉を勝手に作り出すことはできない。言葉はこの点において共同主観的である。言語学という学問や、それが明らかにする文法というルール（＝規範）があることからもわかるように、言語は客観的な対象性をもっている。言語とは、それによって個々人の主観が可能になるような共同主観的なものであると同時に、客観的な対象性と規範性をもって、人びとの言語活動や、言葉によるつながりを可能にする〈社会的なもの〉なのである。

だがしかし、右のような言い方ではまだ、社会の中の人間のつながりと言語の関係について十分に言い表わしたとは言えない。右のような言い方だと、言語は人の主観を表現し、それを他者に伝え、共有することを可能にする道具のように思われるかもしれない。けれども、実際には言語はそのような道具ではないからだ。

私やあなたのような個人がまずあって、その集合体として社会があるのではなく、まず社会があってその後から私やあなたが社会の中を生きるのだと第2章で述べた。それと同じように、私やあなたがまずいて、その私やあなたが道具として言語を使うのではない。そうではなく、まず言語があって、私やあなたはその言語の中に住み込むことによってはじめて、今あるような私やあなたになる。私が語ることや考えることは、私が語る言語の語彙や、そこに内在する世界像に制約されている。だから、奇妙に聞こえるかもしれないが、私たちが言葉を道具として話しているのではなく、言葉が私たちを「語り手」という道具として〝話させている〟のだと言うこともできる（このことについては【補説】も参照）。

歌の言葉は誰のものか

もう少し具体的に考えるために、ここで「歌」という現象について考えてみよう。

歌をうたうことは、ほとんどすべての社会で見出される。喜びや悲しみ、怒りや絶望、労働の楽しさや辛さ、祈りや希望、美しい風景や忘れえぬ出来事、さまざまな感情や出来事を、人間の社会は言葉をリズムとメロディに乗せた「歌」という形で表現し、うたい、伝承してきた。だが、ここで考えたいのは歌という表現の普遍性についてではない。人が歌をうたうとき、そこでうたっているのは誰なのか？　歌の言葉はいったい誰の言葉なのかということを、ここでは考えてみたいのである。

歌の言葉は誰のものなのだろうか？

歌を作った人のものだろうか？

多くの場合私たちは、自分で作ったのではなく他人の手になる歌をうたう。にもかかわらず私たちは、しばしばそうした歌を、私の心情を表現する私自身の言葉のように、文字通り〝私の歌〟としてうたうことがある。その言葉が私の現在の状況や心情と重なりあうものではないにもかかわらず、その歌をうたうことでそうした状況や心情をまさに我がことのように感じ、うたうこともある。自分自身でうたわなくとも、誰かがうたう歌を、まさに私の気持ちを表わしたものであるかのように聴き、ときに涙することもある。自分の中で言葉にならず、形を与えられなかった感情が、ある歌の中に見出されてしまうこともある。独りではなく複数の人間とともに同じ歌をうたい、あるいは聴くとき、それによって、場合によってはそれまで見も知らぬ他人であった人びととの間で、同じ歌の言葉が

「私たちの言葉」であるかのように響くこともある。こうしたとき、歌の言葉は他人の言葉であると同時に私の言葉や私たちの言葉として、ときに私自身が自ら発する言葉よりもはるかに私の心と共鳴し、自他の間を流れ、結ぶものとしてうたわれ、聴かれるのである。

優れた歌い手とは、他人の言葉を我が言葉としてうたい、聴く者にもその歌を、まさに我が歌として聴かせることができる者のことだろう。そのとき、うたっているのはその歌い手なのだろうか？それとも歌が、歌い手の口を借りてうたっているのだろうか？

そもそも民衆の間に伝承されてきた歌は、特定の誰かに帰属する言葉ではなく、その歌をうたい継いできた人びとの集団に帰属する言葉である。このことは、多くの人びとに聴かれ、口ずさまれる今日の流行歌についても言える。なるほど、現代の流行歌には作詞者や作曲者、特定の歌い手があり、かれらの権利は著作権によって守られている。その意味では現代の歌は法権利上、作詞者と作曲者と歌い手のものだと言える。だがしかし、その歌が多くの人びとによって〝私の歌〟や〝私たちの歌〟として聴かれ、うたわれるとき、その歌の言葉は、法権利上はともかく歌をうたう営みにおいては、それを聴き、うたう個々の人びとの、そして彼らのあつまりとしての大衆のものになっている。ある歌をうたい、共有することを通じて人は、共時的な、そして通時的な広がりの中で他の人びととともにある関係を生きるのだ。

きわめて個人的な気持ちや思いをうたう歌が、多くの人の心を捉え、口ずさまれるものにもなりうる。そしてまた、私を超えた「我われ」の言葉としての歌の言葉が、私の口を通じて「我われの歌」としてうたわれることもある。だからこそ、ある歌をともにうたわされることが、私の意に染まない

「我われ」へと私たちを動員するために利用されることもある。

「他者の言葉」と「うたう私」

歌の言葉は私たちの外側にあると同時に、私たちの内側にある。それは他人が作った言葉として私たちの外側からやってきて、私たちの中に入り込み、私たちの心情と共鳴し、私たちの言葉としてうたわれる。

私が歌の作り手で、私自身が作った歌をうたう場合でも、このことは変わらない。なぜなら、私が自分の歌を作るその言葉は、私が自分で作り出した言葉ではなく、かつて私がその中に赤ん坊として産み落とされ、他人たちが話すのを聞いて覚え、習得していった「他者の言葉」であるからだ。私が作る歌の言葉は、かつて私が聞いた言葉の群れから選び出される。そしてそれは、聴き手の中で、聴き手がかつて聞いたさまざまな言葉の群れと共振し、共鳴する言葉として聴かれるだろう。個々の歌は、その歌が作られる言語の大海の中に浮かんだ島、あるいは共時的、通時的に広がる「私たちの言葉」の大地の上に芽生え、花開いた草木のようなものだ。そして歌をうたい、また聴く人びとも、そうした言語の大海に浸かり、大地に根を張ってその歌をうたい、聴く。

だから歌を聴き、うたうとき、人は歌の経験を通じて社会を生きている。歌とは、そのような生きられる社会の経験である。歌をうたうとき、私たちは他者たちの言葉を我が言葉、我らが言葉としてうたうのであり、そうした歌の言葉によって「うたう私」や「うたう我ら」になり、歌の経験を他者とともにある関係として生きる。それは別の言い方をすれば、歌にうたわされることによって「うたう私」、「うたう我ら」として他者たちとともにある関係を生きるということである。このとき人は、歌に対して能動的であると同時に受動的である。人は歌によって感情や出来事を表現し、伝達するが、同時にまた歌によってある感情や出来事を我がものとしてうたわされ、生きさせられるのだ。

憑依とモンタージュ

このことは、けれども歌だけにあてはまるのではない。それは言葉一般に、私たちが話し、語り、読み、そして考えること全般について言えることだ。

私たちは言葉を話す主体であると同時に、言葉によって話しかけられる客体であり、言葉を話させられる媒体なのだ。ここで「媒体」というのは、歌の言葉のように私の外側から来た言葉が、私を通じてうたわれるようなあり方のことを意味している。たとえば社会学者としての私は、社会学の言葉を自ら語る主体であるけれども、それはまた、私を通じて社会学の言葉がしゃべっているということでもある。これを「憑依」と呼んでもよいだろう。ある言葉を語るとは、ある言葉が語り手にとり憑いて、その言葉を語る巫者や霊媒のような存在にすることだ。英語で「媒体」を意味する medium には「霊媒」という意味もある。神や精霊、あるいは死者に憑かれた巫者や霊媒は、まさにとり憑いた神や精霊や死者になってその口から語るのである。

社会学者としての私を通して社会学が語るのと同じように、私の口を通して男が、日本人が、日本の中産階級が、近代人が語る。だがそれは、語る私が言葉に領有されて、完全に受動的な存在になるということではない。歌が、誰かにうたわれるそのたびに解釈され、同じ歌でありながら別の歌にな

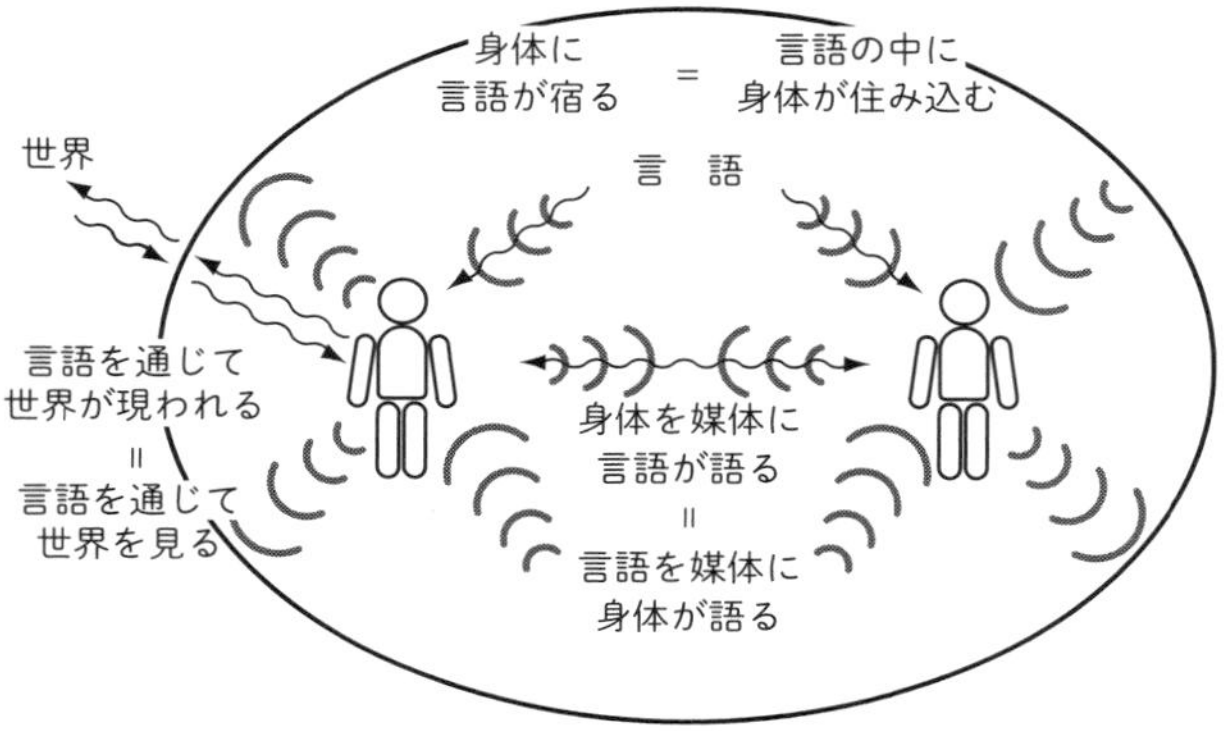

図1　言語・身体・世界

るように、私が語るとき社会学も、男も、日本人も、日本の中産階級も、近代人もそのつど語りなおされる。そもそも、個々人の発話を超えた統一された客体としての社会学、男、日本人、日本の中産階級、近代人など存在しないのだから、言葉の具体的現われはつねにそのつどの個々の語りの中にしか存在しない。社会学でも男でも、日本人でも日本の中産階級でも近代人でも、それらは個々の具体的な言葉の語りの集積の中から浮かび上がるモンタージュのようなものだ。日本語とは、個々の日本語の語りのモンタージュであり、社会学とは個々の社会学者の言葉のモンタージュなのだ。

　別の言い方をすると、社会学という学問や男というジェンダー、日本人や日本の中産階級という社会集団は、私がその言葉を受けとり、言葉を共有する人びとのつながりや、そうしたつながりを通じて生きられるものとして、私や他の人びとの語りを通じて現われてくるのである。このとき言葉は、私の外にあると同時に中にあり、かつまた私たちの間にあって私たちのつながりを作り出しているのである。

すでに言語のある世界の中に生み出されるという意味では、言語は私たちに先立って存在するが、個々人の成育に即して言えば、言語は私たちの身体に後から宿り、身体と身体の関係を仲立ちする特定の場としての「言語的コミュニケーション」の世界、おしゃべりやお話や物語や小説や、その他さまざまな言葉の世界を形作ってゆく。語り継がれる言語を基点にして考えると、私たちの身体は言語が宿り、それを通じて語るという意味で言語にとっての媒体だが、私たちの身体を基点として考えるならば、言語は身体間の関係を媒介し、身体と身体の間の働きかけや、身体と世界との関係に多様な意味を与え、複雑化してゆく媒体なのだ。言語は私たちの中にあると同時に、私たちの間にあって、私たちの生きる世界を形作るのである（図1）。

私たちは通時的かつ共時的に広がる言葉の海に浮かび、言葉の大地に根づくことで他の人びととのつながりの中にある。「私の言葉」はその海や大地の中で語られ、風や波紋のように私の周囲に広がり、他者たちの言葉の風や波と混じり、そこにさまざまな渦や波紋を起こしては消えてゆくのだ。

【補説】言語論的転回

言葉の使い手（＝主体）としての人間が道具としての言語を使うのではなく、意味のシステムとしての言語が人間に話させているという見方、「人間＝主体／言語＝道具」から「言語＝システム／人間＝システムが語ることを可能にするもの」への転換は、現代の人文社会科学の領域を横断する一大潮流を理解するための鍵となる。言語とは意味のシステムであり、

そのシステムのあり方は社会によって異なっているとするスイスの言語学者フェルディナン・ド・ソシュールの言語学は、クロード・レヴィ＝ストロース（人類学）、ルイ・アルチュセール（マルクス主義哲学）、ミシェル・フーコー（哲学、知の考古学、権力分析）、ジャック・ラカン（精神分析）などの構造主義（とその後「ポスト構造主義」と呼ばれるようになった思想と学問）へと展開した。オーストリア生まれの哲学者ルートヴィヒ・ヴィトゲンシュタインが晩年の仕事で考察した、人間の振る舞いはすべて「言語ゲーム」であり、人間にとって言語ゲームの外部は存在しないという考え方も、その後の言語論や哲学だけでなく人文社会科学に大きな影響を与えている。

「言語」を軸として人間を「主体」の座から引きずり降ろし、社会を言語（的なもの）を通じて構成され、実践されるものとするこうした転換は、ときに「言語論的転回」と呼ばれる。社会学でそうした転回が顕在化したのは一九八〇年代のことで、日本の社会学でそうした潮流の影響下にある研究および研究者は「意味学派」や「ポストモダン派」と呼ばれることもある。なお、このことに関しては第5章の【補説】も参照してほしい。

第5章　言葉の海、物の海、出来事の海

社会が椅子の中にある？

前の章では言葉を、そして言葉の具体的な表われ方の一つである歌を例に、主観的であると同時に客観的な、つまり共同主観的なものである社会を人間が生きることについて考えてきた。だが、「言葉」は社会的なつながりを可能にする共同主観的なものの典型かつ重要なものではあるけれど、あくまでそうしたものの一事例であるにすぎない。

たとえば第3章では、椅子を共同主観的なものの例としてあげた。椅子が共同主観的なものであるということは、椅子が私にとって椅子であるだけでなく、他の人びとにとっても椅子であるということ、椅子という道具を共同主観的な知識として知っている人々の間に存在する社会的な事物であるということだ。これを簡潔に言うと、「椅子は社会の中にある」ということになる。では逆に、「社会は椅子の中にある」と言うこともできるだろうか。

言葉の普通の使い方では、「社会は椅子の中にある」という言い方は、意味をなさない間違った言い方である。だがここで、次のように考えることもできる。学校の教室について考えてみよう。教室

は、学級という社会集団がそこで生活し、授業という社会的な活動が行なわれる場所だ。この教室の中には椅子や机がある。ただあるのではなく、特定の配置で並んでいる。この配置は、学級の活動や授業が円滑に行なわれるために必要な配置だろう。机や椅子がばらばらに並んでいたり、黒板ではなく窓の方を向いて並んでいたりしたのでは、いつもと同じ学級の活動や授業はできない。

注意してほしいのだが、私はここで、学級の活動や授業にとって特定の机と椅子の配置が不可欠だとか、机と椅子がないと学級や授業が成立しないと言いたいのではない。そうではなく、机や椅子があることや、それらが特定の配置をされていることが、学級や授業の特定のあり方を支えているということ、だからそれらの配置が変わったり、机も椅子もなくなったりしたら、学級や授業のあり方が大なり小なりそれ以前とは別のあり方をするものに変わってしまうだろうということが、ここで言いたいことだ。そして、そうだとすれば学級という社会集団や授業という社会的な活動の特定のあり方は、机や椅子の特定の配置の中にあるという言い方も、あながち間違いではないということになる。

机や椅子だけではない、教室という場は黒板、窓、ロッカー、廊下からの出入り口、掲示板等々の、相互に関係づけられた物の特定の配置によってできあがっている。これらの物は、単に並んでいるのではなく、学級や授業の活動の中で相互に結びつき、関係しあう形で一つのシステムを形作っている。こうした物の配置を「物のネットワーク」と呼ぶことにしよう。「物のシステム」と言ってもよいのだけれど、ここではさまざまな物の配置と関係が網の目のように組み上がり、織り合わさって行為や関係を支えているという意味で、網状組織を指す「ネットワーク」という言葉を使っている。教室の物のネットワークは、学級や授業の中にあると同時に、それらのネットワークの中で学級や授業を支え、学級や授業の特定のあり方を可能にしている。この意味で学級や授業は教室の物のネットワークの中にあるのだ。

物のネットワークの中にあるのは学級や授業だけではない。家での生活や家族という社会集団の営みは、住宅という物のネットワークの中にある。企業の活動は、工場やオフィスの物のネットワークの中にある。村や町、都市での生活は、道路や建物、上下水道や電気、ガス、電話などのインフラ施設の物のネットワークの中にある。そして私という存在は、今着ている服、たんすや洗濯物の中にある今着ていない服、部屋の中の家具や小物、出かけるときに履く靴や持ち歩くカバン、携帯電話等々の身にまとい、身近に置く物のネットワークの中に住み込んでいる。

このように物は社会の中にあると同時に、社会生活もまた物のネットワークの中にある。物のあつまりが単なる物の集積ではなくネットワークであるのは、それらを相互に結びつける社会の中にあるからなのだが、社会の側もまた自らが作り出した物のネットワークの中にあって、それらによって支えられているのである。これを社会に生きる個々の人間に即して考えてみると、言葉の場合がそうであったように、個々人は自分以外の他の人びとが作り出した物のネットワークの中に生まれてきて、そのネットワークに支えられて成長し、暮らしながら、自らもそうした物のネットワークを作っているということになる。

このとき、物のネットワークはそれ自体が「社会」と呼ばれる広がりや対象の一部であり、そこで人びとの行為や関係を支え、仲立ちする媒体《メディア》として機能しているのだ。人間と人間の関係は、言葉に仲立ちされているだけでなく、こうした物のネットワークによっても仲立ちされている。人間と人間との関係を、前章の最後では言葉の海や大地という比喩で表現したが、それに倣えば、私たちは物の海、物の大地の中で、それらの物のネットワークによって他の人びととともに、それらの人びとと関係しながら生きているのだ。

観念のネットワーク

同じように、私たちはまた神や愛、貨幣が表象する経済的価値といった観念的なものを仲立ちとして、他の人びととのつながりを生きてもいる。神の観念は宗教的な共同体の存立を支えている。愛の観念は、恋人や家族、隣人や同胞といった結びつきや集団を支える。そして経済的な価値は生産や流通、消費や投資といった経済的諸活動を仲立ちすることで、市場における人びとの結びつきを支えている。第3章で述べたように、これらは普通の物のような対象性をもたない、相互主観的な観念である。

注意してほしいのだが、相互主観的な観念であるということは、それらが単なる言葉であるということではない。なるほど、神を信じない人びとにとって神とは指示対象をもたない単なる無意味な名詞にすぎない。愛もまた同様である。経済的な価値は労働や生産物といった参照対象をもつとはいえ、質的に異なるさまざまな労働や多様な生産物を同じ単位で表わされる価値をもつものとして取り扱い、さらに進んでそれらに内在する価値それ自体を円やドルのような貨幣的な単位によって表象するのは、言語の介在なしには不可能である。だがしかし、そうであるからといって神や愛や経済的な価値が単なる言語や「言葉の綾」であると言うことはできない。なぜならそれらは、いかに観念的で想念上のものであるとはいえ、言葉ではなく、言葉によって指示される対象であるからだ。神を信じる人びとにとって神という対象は、目で見ることも手で触れることもできなくとも、確かに存在するものとして了解されている（ユダヤ教やキリスト教、イスラム教では、神とはそもそも見たり触れたりできない、超越的な存在である）。同じように愛も、そして経済的な価値も、それを信じる人びとにとっては確かにさまざまな行為や対象の中に内在しているものとして了解されている。そして人は、言葉が表象する、それ自体は見たり触ったりできないけれど、さまざまな行為や対象の中にあると社会の中で信じられているものの存在する世界に生み出され、それらを通じて他の人びとと関係を結びながら生きているのだ。

このとき、神や愛や経済的な価値は社会の中で人びとの営みを通じて生み出され、信じられているという意味で社会の中にあると同時に、それらを仲立ちとする行為や関係が人びとのつながりを生み出し、社会や集団のあり方を支えている。それは、言葉や物のネットワークと同じように、これらの観念もまた社会的なつながりを仲立ちする媒体《メディア》であるということである。そして、社会の中にあり、かつまた社会がその中にある物のネットワークと同じく観念もまた、宗教の教義、世界観や宇宙観、道徳や倫理や価値意識、科学や思想といった形で相互に結びつき、関係づけられた体系やネットワークを作り出している。神の観念は、罪の観念や救済の観念、慈悲の観念などと特定の仕方で結びついて、神を信仰する人びとの意識や行動を支え、規範する。善や悪の観念は、個々の具体的な状況の中での「するべきこと」や「してはいけないこと」に対する判断と結びつけられ、さらにそれが振る舞いの「美しさ」や「醜さ」の観念と結びついたりする。経済的な価値は、経済倫理や経営理念、「よい生活」や快楽のヴィジョンと結びつく。

こうして観念は他の観念と結びつき、人びとの意識や行為をその内部で意味づけ、支えている。こうした観念の体系は、それらを表象する言葉のシステム、語彙やその用法の体制として存在しており、そうしたものとしての言葉のシステムはしばしば「言説（フランス語でdiscours、英語でdiscourse）」という言葉で言い表わされる（↓【補説】）。そして、たとえばある社会において子どもとはどのようなもので、どのように養育して、どのように大人にすべきであるかという知と言説が、子どもを具体的に取り扱うための道具、衣服、教育施設等と結びつくように、観念のネットワークとしての言説と物のネットワークとは相互に結びついて、言葉とそれが表象する観念、そしてそれと相互参照関係にある物からなる体制を作り出している。先に例にあげた学校の教室とは、そのような言葉と観念と物の相互参照的なネットワークの体制なのだ。

言葉も物も出来事である

言葉と観念、そして物の相互に関係づけられた体制の中に私たちは生きている。そのような体制を生きることで、言葉や物、観念を仲立ちにして互いにつながり、社会という広がりを生きている。だが、こうした言い方には盲点がある。

言葉も物も、言葉が表象する観念も、それらが自ら他の言葉や物、観念と結びつき、ネットワークを作り出すことはできない。言葉は人間の具体的な使用を通じて他の言葉と結びつけられる。物は人間によって配置され具体的に使用されることによって、相互に結びつけられた物のネットワークとして機能し、観念はそれらを信じ、体系化し、さまざまな営みと結びつける人間の存在があってはじめてネットワーク化される。言葉を語り、物を使用し、考え、行動する人間の存在があってはじめて言語と物と観念の体系はネットワークとして作動するのだ。先に私が「盲点」と呼んだのは、言葉や物や観念のネットワークをそれ自体として自存したもののように対象化してしまうときにややもすると見落とされてしまう、この人間の存在である。

音声は人間によって分節化され、一定の規則性と文脈性をもって語られ、書かれるときに言語になる。日本語というものが文字どおり〝物〟のようにどこかに存在しているのではなく、日本語をしゃべり、書く人びとと、彼らによる個々の言語の使用があって、その中に日本語が立ち上がり、見出されるのだ。

同じように、物は人間によって使用され、他の物から区別されることによって、物のネットワークを構成する物になる。先に椅子の例で述べたように、さまざまな形状や素材の物が、その使用とそれに即した類型化された形や素材をもつことによって椅子になる。

そして観念も、言葉の具体的な使用と、それと結びついた振る舞いや営みを通じて社会の中に生み出される。神の観念は、神を信じたり、疑ったりする営みの中ではじめて意味をもち、愛は愛することやそれをめぐる思索とともに意味をもつ。経済的価値は、貨幣を信用し、使用する中ではじめてその価値を実現する。

そうだとすると、言葉も物も観念も、人びとの営みを通じて生起する「出来事」なのだ。言葉は語られ、書かれるところに繰り返し生起する出来事であり、物は繰り返し使用され、ある対象が特定の機能や意味や対象性を担っていると見なされるところに現われる出来事であり、観念は言葉や振る舞いの具体的な遂行の中に繰り返し表象され、現実化される出来事である。そしてその繰り返しとそれが生み出す慣性によって、それらは物のように自存しているかのような対象性をもって社会の中に現われるのだ。

このように、人間の営みや関係の中に根拠をもつものが、それ自体として自存したもののような対象性をもつようになることを、「物でないものが物であるかのように現われる」という意味で、「物象化」と呼ぶことがある。だが、私たちが普通言う意味での「物」もまた、社会的な関係を通じて形作られる出来事の海の中で、人間と社会にとっての物になる。この意味で、ある物がその物であることもまた出来事なのだ。

【補説】言説って何？

「言説」という言葉は、人文社会科学の本や論文の中で使われることがこの四〇年ほどの間に急速に多くなった言葉の一つだが、わざわざこの言葉を使わなくてもいい場合にも用いられていることが多いので、注意が必要な言葉でもある。

現代人文社会科学の文脈ではこの言葉は、ミシェル・フーコーが『言葉と物』や『知の考古学』などで使った“discours”の訳語として用いられ、普及していった（そしてその過程できわめていい加減な使い方も目につくようになった）。discoursという言葉自体は普通は「言葉で言い表わされたもの」という意味だが、フーコーはそれを、特定の表現の規則や言及の対象をもち、それによって知や実践の特定の領域を作り、権力の関係と結びつくような言語表現——言われたり、書かれたりしたもの——の秩序という意味で用いた。たとえばある時代の行政用語は、特定の規則の下に〝統治〟や〝管理〟や〝保護〟や〝処罰〟という行為とはどのようなものであるかを定め、その対象となる出来事や人間のあり方、その行使者などからなる「行政」という領域を、そうした言説とそれにかかわる行為や関係からなる広がりとして——この章で言う言葉と物と観念のネットワークとして——産出する。そのようなものとしての「語られ、書かれる言葉の秩序や体制」をフーコーはdiscoursと呼んだのだ。「言説分析」とは、そうしたものとしての言説の規則・編成と、その効果を分析することである。

こうした問題意識をもつことなしに、「言葉」や「発言」や「テクスト」を「言説」と呼び、その内容をただ解釈するだけのことをわざわざ「言説分析」と称している文章や書物を見ることがある（あまり面白い結果は出ないかもしれないが、言説分析のそうした「俗流化」や「誤用」を、現代における人文社会科学の言説のあり方という点から分析することも可能かもしれない）。

言説という概念も、それを武器とする言説分析という方法も、ともに第4章の【補説】で述べた言語論的転回の中に位置づけられる。この転回にくみしない論者（や教師）の中には、この言葉を毛嫌いする人も少なくない。

第6章　主体を生きること、身体を生きること

まだらな主体

言葉や物や観念のネットワークの中に、そうしたネットワークを作り出す存在としての人間がいる。とすると、そうしたネットワークを作り、機能させる「主体性」をもった存在、つまり「主体」として人間は存在しているのだろうか？　ここで「主体性」とは、自らの意思や判断で、自身の外側にある言葉や物や他の人間などの客体に能動的に働きかける能力のことを、そして「主体」とはそうした能力をもつ存在のことを、それぞれ意味している。

私たちの社会では、人間は主体的でありうるし、主体的であるべきだと考えられている。小学生のころから私たちは、自分から進んで、自分の考えで行動するように、つまり「主体的に行動するように」と言われてきた。民主主義では、有権者が主体的に候補者や政党を選択すべきだとされる。国民主権とは、国民が投票における意思決定の主体であるということでもある。物を買うときには、消費者は自らの需要や欲求と懐具合を勘案して、主体的に商品を購入する。キャッチセールスや催眠商法が違法であるのは、それらが買い手の主体性をそこなうからだ。刑事裁判では、被告がなぜ犯罪行為

を行なったのかが、その動機に即して解明されることが期待される。犯人が自ら犯罪を行なう主体であるとされているからだ。主体的でない犯罪者は、「心神喪失」であったことによって罪を免れることがある。罪を犯し、それを償うためには、人は罪の主体、償いの主体でなくてはならない。主体であること、主体的であることは、現代社会の前提であり、基本的なルールであり、道徳的かつ実践的な要請でもある。

けれどもまた、この本をここまで注意深く読んできた読者や、現代の哲学や社会学にそれなりに関心をもっている読者の中には、「そんな風に人間を主体であるかのように語ってしまっていいの？」と感じている人もいるだろう。個々の人間に先立って社会的なものがあり、個々の人間はいつも後からその社会に参入する。私たちが語り、うたい、考える言葉はいつもどこかで他者の言葉である。私たちが使用する道具の多くも他者の手になるもので、それらを使いこなすには私たちの側がそれらになじみ、自らを合わせる必要がある。そうだとすれば、私たちは主体であるというよりも、言葉や物や観念がそれを通じて作動する媒体というほうが正確なのではないだろうか（だが、この場合、道具を最初に考案したり、それらを製作したりした人は「主体」であるということになるのだろうか？）。

もっと具体的な場面で、主体的であろうとしても十分にそうでありえない場合もある。選挙にしても買い物にしても、自分の考えや嗜好に合わない候補者や商品しか選択肢になかったとしたら、それらの中から主体的に選択しろと言われても主体性の発揮のしようがないだろう。また、十分にたくさんの選択肢が与えられている場合でも、選ぶ側にそれらの選択肢の間の差異を正しく認識し、判断するだけの能力がなく、そのときの気分や感覚で選ぶしかなかったとしたら、それもまた「主体」や

「主体的」という言葉に文字通りふさわしいとは言えない。先に例にあげたキャッチセールスや心神喪失の場合、現実に人は十分に主体的ではなかったと見なされる。日々の暮らしの中の雑事の数々も、私たちは習慣的に、しばしば取り立てて選択的な意思を働かすことなく行なっている。うっかりして何かをし忘れたり、ぼんやりしたまま いつも通るのと同じ道を歩いたりというとき、私たちは何かを意識的に選択しているわけではない。こうした場合も私たちは、十分に主体的であると言うことはできない。

このように私たちは、「主体」や「主体的」という言葉が想定しているような主体性を、いつももっているわけではない。私たちの社会が「人間が主体であること」をさまざまな場面で前提としているにもかかわらず、私たちは不十分に(あるいは限定的な意味で)主体的なのであり、またときどき主体的であるにすぎない。言ってみれば私たちは、〝まだらに主体的〟なのである。

生命過程の非主体性

「主体」という言葉を右のような意味で使うとすると、私たちは呼吸や消化活動や感覚・知覚の主体であるとはもちろん言えない。息を止めることや、腹式呼吸をしたりして息を整えることはできるけれど、呼吸は生命体としての身体が不随意に行なうもので、個々人が〝主体的に呼吸している〟わけではない。消化に悪いものを食べて消化活動を阻害したり、胃薬を飲んでそれを整えたりできるとしても、〝主体的に消化する〟こともない。物を見たり、匂いを嗅いだり、音を聞いたりすることは、視線の向け方や注意の仕方でかなりの選択性をもつ。とはいえ、それ以前に物は見えてしまい、匂いは嗅げてしまい、音は聞こえてしまう。このように非主体的で無意識のうちになされる活動や感覚など、他の動物や植物とも共通する生命過程が、私たちが生き、経験することの「存在の地」や「基層」とでも呼ぶべき部分を占めている。

だが、こうした生命過程のことを、私たちは普通「人生」とは呼ばない。普通言うところの人生とは、存在の地をなすこうした生命過程の上に乗って、ある人が何かを意思したり、選択したりする営みとその結果のことだ。日々の暮らしの中で主体的たりえないことがいろいろあるとしても、人はそうした社会的制約の中で、なにがしかの選択や決定をして生きている。なんらかの原因で植物状態になったり脳死と診断されたりした場合を考えるとき、それ以上生きていたくないと思うことがあるのは、主体的であるべきだと考える私たちの多くにとって、そうした状態はもはや人間の生ではないと考えられるからだろう。

とすると、馬の下半身の上に人間の上半身をもったギリシア神話の獣人ケンタウロスのように、他の動植物と共通する身体的な生命過程を土台として、その上に自ら考え、選択し、行動する人間的主体が存在しているのだろうか? このような考え方は、いささか単純すぎる。なぜなら人間とその社会には、生命過程それ自体に由来するとは言えない一方で、右に述べた意味での主体性とも言えないものが、私たちの主体的存在の〝地〟の部分として存在しているからである。

ノンバーバル・コミュニケーション

たとえば私たちは人と言葉を交わすとき、相手の体と自分の体の間の距離を、相手との社会的な位置関係や、そのときどきのコミュニケーションを意味づける指標としている。恋人や幼い自分の子どもと親密な話をするときには、文字どおり頬を寄せて言葉を交わすことがあるが、普通の友人関係や仕事上の関係、他人の子どもとの間などでは、そうした距離をとることはない。また、いくら親密な間柄でも、議論を交わすときや子どもを叱るときには、もっと離れた距離をとるだろう。個人的なおしゃべりからあらたまった会議、不特定多数の人に話しかける演説と、相手との関係や話題が個人的で親密なものから非個人的で公的なものになるにつれ、身体間の距離は次第に大きく、遠くなってゆく。通常意識していないにもかかわらず、無意識のうちにそうした距離をとることで、私たちは社会的な関係の親密さをそのつど測り、調整しながら社会生活を送っている。もしこれを意識的に行なおうとしたら、呼吸やまばたきをずっと意識し続けようとしたときに感じるように、精神的にも肉体的にもかなりのストレスになることだろう。

重要なことは、こうした距離帯が無意識的であるにもかかわらず、文化的、社会的なものであるということだ。どれくらいの距離をとるとき、きわめて親密な距離から一般的な友人関係に移行し、さらにどれくらい離れたらフォーマルな会議等にふさわしい距離になるのかは、文化や社会によって異なっている。たとえば多くの日本人は相当に親しい関係にならない限り、人前で抱きあったり、キスしたりすることはないが、欧米では日本人が考えるほどには親しくない間柄での挨拶として、抱擁やキスという身体を密着させた距離をとることが許容されている。身体間のこの社会的、文化的な距離帯の存在は、私たちの社会生活が無意識的で身体的であると同時に社会的、文化的でもある層をもっていること、私たちの意識的で主体的な営みが、こうした無意識的で身体的な社会的、文化的層の上に成立していることを示している。言ってみればそれらは、「自然な身振り」として振る舞われる社会的、文化的な行動の形なのだ。

こうした社会的な距離帯は、一般に「非言語コミュニケーション《ノンバーバル》」と呼ばれるものの一部である。ノンバーバル・コミュニケーションとは、姿勢、身振り、表情など、文脈の定義や意味の伝達にかかわる非言語的要素によるコミュニケーションのことだ。さらに、「周辺言語」と呼ばれる口調、声色、声の大きさなどのコミュニケーションの要素もある。私たちは会話したり、何かを語ろうとしたりするとき、無意識のうちにこうしたコミュニケーションの諸要素を動員し、操作している。また、何も口に出していないときでも、ある人の姿勢や表情、たたずまいが文字通り何かを〝語る〟ことがある。私たちはこうした要素からなるコミュニケーションの層を意識的に操作することもできるけれど、こうした要素の多くの部分は通常は意識されないまま、身体化され、遂行されているのである。

無声映画を解説や字幕抜きである程度理解したり、言葉の通じない社会でも人びとの表情や声の調子をそれなりに読みとったりできるように、言葉によるコミュニケーションは身体によるコミュニケーションの上に〝乗っている〟。ここで「身体によるコミュニケーション」と言うのは、体を使って意思的、主体的に何かを伝えようとすることばかりでなく、無意識的な振る舞いや、必ずしも他者による読みとりを想定しない表情や姿勢、態度も含んでいる。身体をもってある具体的な状況を生きているることとそれ自体が、そこに立ち会う他の人びとに対して何かを示してしまうこと。言葉を交わす以前に、身体としてともにあることが開く関係の次元をここでは、言葉の最も広い意味での「コミュニケーション」と呼んでいるわけだ。それはつまり、具体的な身体をもって、他者と社会的な状況を共有してともにあるということだ。たとえて言うと、言葉のネットワークの下に、それが伝わってゆく道のようなものとして身体の共在（＝ともにあること）があるのだと言えるかもしれない。

言葉も身振りである

けれども、身体の共在を言葉がその上に乗って伝わってゆく道に喩えることは、いささか静態的にすぎるし、また言葉と身体を「メッセージ」とそれが伝わってゆく「メディア」のように二分しているように見えるという意味で、じつはあまり適切ではない。

植物でも動物でも、生物は周囲の温度、光、化学物質、同種や異種の生物の形態や動き等を感覚器で受容し、周囲の環境や状況をモニターしながら、それらに対して反応したり働きかけたりして生きている。ちょうどそれと同じように私たち人間は、ともにある他の人間との間の距離、相手の姿勢や視線、表情やしぐさや身振り、声の調子などを知覚し、多くの場合必ずしも意識に上らせることなく、それらが示す文化的、社会的な意味を読みとり、それらに対してやはり必ずしも意識することなく、相手との位置や向き、自分の姿勢や視線、表情やしぐさや身振り、声の調子などに特定の形を与えて応答している。

この身体的なやりとりは、それ自体がじつはきわめて雄弁でダイナミックなコミュニケーションの過程となっている。言語を十分に習得していない乳幼児のコミュニケーションを考えれば、このことはわかりやすいだろう。私たちはみな、言葉で話す以前にそのようにして周囲の他人たちの振る舞いを読みとり、それに対して体でさまざまに反応することから社会を生き始めたのだ。言葉によるコミュニケーションは、身体的な振る舞いによるこのコミュニケーションの一部として、その後から習得されるものにすぎない。

言語は、身体が発する声がなんらかの意味を担いうるものとして分節され、構造化されたところに現われる。「分節化」とは、人間が発しうる多様な音声が有意味な音（母音や子音）として区分され、確定されること、「構造化」とは、分節化された音声が一定のルール（＝文法）に従って体系化されて運用されるようになることだ。赤ん坊の発する未分節の音声は、無論それ自体もまた関係の媒体《メディア》であるわけだが、やがてそれが大人の言葉と接することを通じて特定の意味を担った音の体系として分節化、構造化され、言語になるのだ。

演出家で演劇教育にたずさわってきた竹内敏晴は、人と人との間で言葉が本当に伝わってゆくためには、言葉を発し、また受け止める身体が他者や世界に対して柔軟に開かれていなくてはならないと論じている。それは、声によるコミュニケーションに先立って、互いの体がともに響きあう関係が成立しているとき、声はただの「言葉」ではなく、相手の体の一部として届き、もう一方の相手に働きかけることができるということだ。たとえて言えば、抱擁したり、肩に手をかけたり、頬を打ったりするように声を届かせ、そのように受け止められるとき、言葉は本当に伝わるのだ。この意味で声や言葉は体の一部として、体という無意識的、前意識的なものの上に乗っているのである。

抱擁するように、肩に手をかけるように、あるいは頬を打つように話すというのは、単なる比喩ではない。私の声、私の言葉は私の身体の延長として他者に働きかけるのであり、他者の声や言葉もその身体の延長として私の前に現われるのだから。したがって「身体」と「言語」の区別は、ある意味では便宜上のものにすぎない。

右の説明でもわかるように、言語とは、発声という身体的な所作の社会的に分節化、構造化された形式である。にもかかわらずここで、他の身体的な所作や振る舞いから言語を分けることに意味があるのは、人間にとって言語的なものが他の身体的所作から相対的に自律した巨大な領域をなしており、したがってそれらを区別しておいたほうが、人間の社会のあり方の特徴をつかみやすいからである。

身体技法と間－身体性

そうだとすると、私たちが社会を生きるということは、生物的な生命過程を不可欠の基盤として、ともにある一群の身体として、無意識的、前意識的なものも含んだ文化的、社会的な振る舞いの形――人類学者のマルセル・モースにならって、それを「身体技法」と呼ぶことにしよう――を通じて、身体として互いにかかわり、状況を共有したり意味を伝達したりすることだ。言語もまた、広い意味ではそうした身体技法の一部と考えることができる。また、体による世界や他者への働きかけの延長として道具を考えるなら、道具を使うこと、物のネットワークの中に住まうこともまた、そうした身体技法の延長線上で理解することができるだろう。私たちはみな、すでにある社会、文化の身体技法を身につけた人びとの中に生まれ、そこで他の人びとに依存し、かかわって暮らす中でその身体技法を無意識のうちに操作し、反応するまでに身体化し、身体技法の一部として言葉を使い、道具を用いて社会という関係の広がりを生きてゆく。この意味で社会という広がりは、哲学者のモーリス・メルロ＝ポンティが言う意味で「間－身体的」なのである。

間主観的ないし共同主観的な言葉や物や観念のネットワークは、この間-身体性を前提として、そこから派生的に現われる。私たちは生命として世界を生き、文化的、社会的な身体として世界を生きている。主体としての人間は、生命として世界を生き、身体性の水準で他者と社会的な関係を生きる体の上に、言語的な意識として宿り、生きられるものなのである。

【補説】身体論と身体の社会学

身体や身体性への注目は、第4章の【補説】で述べた言語論的転回とともに、人文社会科学のあり方の本質にかかわる重要なトピックである。この章でもあげたマルセル・モースの身体技法論、モーリス・メルロ＝ポンティの現象学における身体への注目は、その後の哲学や社会学、人類学などに大きな影響を与えている。またフロイトの精神分析も、神経症の発作を身体による言語と捉える点などにおいて、その後の身体論的な思想の展開と密接にかかわっている。

ちなみにマルセル・モースは、フランス社会学の〝源流〟にあたるエミール・デュルケムの甥で研究上の協力者であり、レヴィ＝ストロースやルイ・デュモンなどに大きな影響を与えている。そのレヴィ＝ストロースが主著の一つ『野生の思考』を献呈した相手が、メルロ＝ポンティである。レヴィ＝ストロースとメルロ＝ポンティ、それにサルトルのパートナーとして知られるシモーヌ・ド・ボーヴォワールは教授資格試験後の教育実習の同期生だった。

そして、レヴィ＝ストロースが『野生の思考』の最後の章で徹底的に批判することを試みたのが、サルトルの歴史観である。

身体へのまなざしは、「身体」を「精神」に従属し、支配されるものと考える心身二元論への批判であると同時に、演劇や舞踊、スポーツ、武道などのパフォーミング・アーツをも世界に対する「知」の形として捉え直す契機を開くものだ。竹内敏晴の仕事は、身体を通してのそうした知の捉え直しとして理解することができるだろう。

今日ではさらに、延命技術や遺伝子操作の高度化が「意識のない生きた身体」や「情報レヴェルで操作・介入可能な身体」を生み出したことも、身体というテーマに新たな意味と重要性を与えている。

第7章　メディアの中に住む

「場」としての身体

人間は身体として他者とともにあり、身体として世界を生きる。人間にとって身体は、それを通じて他の身体や事物からなる世界に出会い、それらを受け止め、それらに対して働きかける最も基本的な経験と表出、関係の場である。

身体が「場」であるとは、何やら奇妙な物言いに思われるかもしれない。この言い方には、身体とは、私たちが世界や他者と出会い、関係することの窓口であり、世界についての経験がそこでまさに「私の経験」として生じ、それを通じて他者に自らの思いや思考を示してゆくところである、という意味が込められている。

私たちは身体なしには、世界や他者と出会うことはない。私たちは身体を生き、その身体を通じて世界と出会い、他者たちとかかわりあう。私たちは身体によって他者の前に現われ、その姿勢や表情、所作や態度やたたずまいは、直接身体相互が触れあうことがなくても、他の人びととのつながりの中で、私に関する事柄を他者の前に示してしまう。たとえば満員電車やエレベータの中で見知らぬ人びと乗りあわせたとき、私たちは互いに素知らぬ顔をして、視線を宙に泳がせ、広告やパネルに目をやったりする。社会学者が「儀礼的無関心」と呼ぶこうした振る舞いは、「私たちは互いに関係のない他者同士ですよ」というメッセージとつながりの形を、互いに示しあう身体的所作である。妙な言い方だが、つながりがないことを互いに示すという、言ってみれば最低限のつながりの中で、身体はその沈黙によってある意味を示し、他者との間の最低限のつながりを定義し、そのつながりを生きているのだ。

つながりの媒体《メディア》

身体的な所作による相互の関係の意味の定義やコミュニケーションは、言うまでもなく、人間のような言葉をもたない動物にも存在する。だが、動物の場合は相当部分まで本能に規定されているこの身体的コミュニケーションが、人間の場合にはかなりの程度まで文化的、社会的な規則に、しかも必ずしも意識されることなく共有された、暗黙の規則によっている。社会が違えば身振りや所作も異なり、それらが示す意味も異なるのだ。

身体というこの関係や表出の場の相互の関係（＝他の身体との関係）や、身体と外的環境世界との関係（＝他の身体以外の事物との関係）を仲立ちするものとして、さまざまなメディア、つまり関係の媒体がある。そうしたメディアの代表的かつ重要なものの一つがこれまでも見てきた「話し言葉」としての言語である。言語は、身体に発する音声が分節され、発話者の意図や意味を相互主観的に表わすことを可能にすることによって、人びとのつながりを結び、そのつながりの中で意味を表示し、伝達するメディアになる。

身体に発する音声を素材にするという点で、いまだ身体から完全には分離していない「話し言葉」によるコミュニケーションを媒介したり、言語ばかりでなく非言語的な音響や画像情報の伝達や蓄積を可能にしたりするのが、さまざまな情報メディアである。身体から未分化で、発声されたとたんに消えてゆく音声としてのみ存在していた言語を身体から切り離し、空間的、時間的隔たりがあっても言葉を想起したり、再現したりできるようにするメディアとして文字がある。そして、文字が刻まれ、書き込まれるメディアとして石碑や粘土板、木簡や紙があり、巻物や書物がある。今日ではさらに、メモリ・カードやUSBメモリなどの電子媒体もある。これらのメディアは、声としての言語が届かないほどの遠くの場所へと言語が届くことを可能にし、地理的に遠い場所にいる他者たちや、時間的な未来にいる他者たちへと、言葉による行為や関係のつながりを媒介し、拡張する。

こうしてメディアが行為や関係を媒介し、拡張する〝遠く〟は、空間的に遠い場所であることもあれば、時間的に遠い「過去」や「未来」であることもある。文書や書物、新聞や雑誌は、地理的に遠く離れたたくさんの人びとの間に、同じ言葉を読み、知り、使用することを共有するつながりや、同じ規則や法令に従ったり、同じ話題やニュースを共有したりする関係の広がりを作り出す。古代の石碑や古文書、過去の書き手たちが書いた書物などは、時の隔たりを超えた過去―現在―未来の間の書き手と読み手の関係を作り出す。

メディアが行為や関係を媒介する相手が、未来の自分であることもある。メモをとったりノートを書いたりするとき、私たちは、それによって今の自分と未来の自分をつなぎ、自分自身との間に時の流れを超えた関係を結んでいるのだ。

さらに、レコードやラジオ、無線や電話のような音声や音響を記録・伝達・再現する媒体、絵画や写真、映画やテレビのように画像を記録・伝達・再現する媒体は、言語的な音声や身体的な所作の像をそのまま遠方や未来に伝達することを可能にし、遠方や過去の人が見聞きしたことを現在いる場所において見聞きすることを可能にする。日々電話やインターネットを使い、テレビやラジオを見聞きし、雑誌のグラビアやアルバムの写真や街頭のポスターを眺め、映画やビデオ、CDを楽しむ私たちは、そのようにして今・ここにいない他者たちとの間のつながりを生きているのである。

人と世界を仲立ちする

このような媒介作用によって、メディアは人と人をつなぐだけではない。他者が書きとったり、録音したり、撮影したりした文章や音響や画像を見聞きするとき、私たちは今・ここにはない物や場所や出来事と、間接的にであるけれどもつながっている。

ニュースで中継される事件の現場、今聴いている音楽が録音されたホール、写真集のページに印刷されたそそり立つ山脈といった物や場所が、音響・映像メディアを通じて私たちのいる今・ここと、時間的、空間的な隔たりを超えて接続される。たとえばニュースの現場中継の場合、私たちは画面の中でニュースを伝える現場記者とつながっていると同時に、それを映しているカメラマンの身体とも接続しており――私たちは彼／彼女が見聞きするように、あるいは彼／彼女が見聞きさせたいように見聞きする――、そのことを通じて事件の現場という特定の場所や時間や出来事と接続しているのである。

私たちが現在知っている――正確に言うと〝感じ、了解している〟――日本や世界、世界内のさまざまな社会的、文化的な領域やジャンルの広がりは、そのようなメディアの媒介作用を通じて私たちの前に現われた場の広がりである。私たちは、メディアの媒介作用を通じて私たちの目や耳に届く言葉や像をつづり合わせて「日本」や「世界」、「スポーツ界」や「芸能界」、「流行の世界」や「話題の世界」といった世界の自分なりの像を形作る。もっとも、私たちの耳目に入る前に、そうした世界の像は新聞や雑誌、テレビやウェブサイトの編集者によって、すでに切り貼りされ、加工されており、私たちはそうした編集された世界の像を、さらに自分なりに取捨選択し、編集して我がものとし、そこに私たちの身体を接続しているのだ。

たとえば、私たちが感じ、了解する「日本」という広がりは、新聞や雑誌、テレビやウェブサイトのニュースなどを通じて、日本人にとって重要であったり、意味があったり、興味深かったりするものとされて選択され、報道される情報やイメージが、「日本」と呼ばれる地理的広がりや、「日本人」と呼ばれる人間の集団の中で、メディアの媒介作用を通じてゆるやかに共有され、その共有を通じて人びとがつながりと場を共有するところに現われてくる。政治学者のベネディクト・アンダーソンは、ネーション――つまり「国」や「国民」――を「想像の共同体」と呼び、その成立に新聞や小説のような国内市場を広範に対象とする刊行物を商品化した出版資本主義の展開があずかっていたと論じている（→【補説】）。日本人とは、日本の新聞を読み、日本のテレビを見、日本の国語の教科書や日本の小説を読んで、「日本」と「日本人」について同じように知り、感じ、了解するようになった人びと、それによって自分たちを、意味やイメージの連関の中で同一的なものとして見出す人びとの集団なのだ。

「虚構」という世界

メディアが伝え、表象するものが民話や神話、小説やドラマ、映画のようなフィクションである場合、私たちはメディアを通じてそうした虚構の世界とつながっていることになる。ここでは「虚構の世界」という言葉を文字通りの意味で、つまり、それもまた一つの「世界」であるという意味で理解してほしい。

神話や伝承、宗教の経典や物語、宗教建築とそこに描かれ、刻まれたさまざまな形象、そこで演奏される音楽や歌、踊りや儀礼を通じて、人間は、多くの現代人が普通言う意味での「現実」の中に参照対象をもたない想像的な世界を表象し、それらとのつながりの中に入り込み、そのような世界を「現実」の一部としてきた。寺院や教会、モスクのような宗教建築や、祈禱やミサ、礼拝のような宗教儀礼は、そうした「聖なる現実」——それを信仰しない人びとには単なる虚構だが、信仰する人びとにとっては至高の価値をもつ現実——を作り出すメディア、身体、声、文字、音響、画像などが組み合わさっているという意味で文字通りの〝マルチ・メディア〟なのだ。

同じように現代の私たちは、小説やマンガ、ドラマや映画、ポピュラー音楽といったメディア上の表現を通じてさまざまな世界を作り出し、それらを読んだり、見たり、聴いたりすることによって、それらが表象するフィクショナルな世界と、それらを読み、見、聴く自分のいる今・ここを接続させる。それらは確かに虚構ではあるが、虚構としての現実性をもち、私たちの生きる現実の一部となっているのだ。このことは、たとえば虚構の二次元平面上のキャラクターに〝萌える〟、「オタク」と呼ばれる人びとのことを考えれば理解できるだろう。虚構の中にある種の現実性を見出すからといって、オタクたちは特殊であるわけではない。また、しばしば誤解されているように、虚構と現実の区別がつかないのでもない。映画の中の出来事――それはどこで起こった出来事なのか――に涙を流したり、小説の中の人物に憧れや嫌悪を覚えたり、歌の世界に自分の感情を重ねてみたりすることと、アニメの中の美少女に〝萌える〟こととは、虚構的な世界を現実の一部として受けとるという点においては、基本的に同じことなのだ（むろん、そのうえでオタクや〝萌え〟の特異性を語ることはできる。そしてまた同じように、小説読者や映画観客の歴史的、社会的な特殊性について語ることもできる）。

メディアの媒介作用は、いわゆる「現実」の中に通常の意味での参照対象をもたない像やイメージを生み出し、それを仲立ちとした人びとのつながり――虚構世界の場所や時間への身体の接続と、それによる他者とのつながり――を生み出すのだ。「通常の意味での参照対象をもたない」というのは、たとえば特定の信仰をもつ人びとには、天災が神意の現われとして神の存在を指し示したり、不慮の事故が何者かによる呪術の存在を指し示したりといった、多くの人びとにとっての「通常」とは異なる参照関係が見出されるからである。メディアはその媒介作用を通じて世界を作り出し、その作り出された世界と私たちの身体を接続し、私たちがいる今・ここと想像上の世界とが結びついた「現実」を生み出すのだ。

メディアとしての場所や時

メディアについてのこうした考えをさらに進めると、たとえば村落や都市、国土などの空間やそこを流れる時間をも、ある種の〝メディア〟として理解することができる。先に宗教建築やそこで行なわれる宗教儀礼を〝マルチ・メディア〟であると言ったけれど、同じことは村や都市や国土に関しても言うことができるのである。

古くからある村や町や都市、地域や国にはさまざまな伝承や歴史の記憶があり、それらの伝承や記憶の縁《よすが》となっている場所がある。河童が出るという淵や、狐が人を騙したという辻。昔から人びとの信仰の場であると同時に、寄り合いの場でもあった神社や寺院。古戦場や城址のようなさまざまな史跡。墓碑や記念碑。人びとに親しまれ続け、さまざまな伝承や記憶とともにある歴史的建造物。そうした伝承や記憶、さらには歴史的記録を保存し、展示する博物館や文書館、図書館。居住者にも観光客にもそうした伝承や記憶や記録を伝えるための石碑や掲示板。地形、地名、風景、建物、碑文、掲示、文書、そして口伝えの伝承やガイドの案内などにより、村や町や都市、地域や国土は、伝承や記憶や記録がそこに埋め込まれ、読み解かれ、再想起され、更新されてゆくメディアとなり、舞台となる。その伝承や記憶や記録によって、私たちは過去にその土地に生き、暮らした人びととの間のつながりの中に自らを置くことになる。村祭りや都市祭礼、何かの記念式典といった儀礼や祝祭において、空間はまさにそこに過去や神話の時を呼び覚まし、現前させる舞台となる。

民話や伝承に満ちた世界や、長い歴史をもつ村や都市だけの話をしているのではない。甲子園でも国立競技場でも、スポーツの地方大会の行なわれるスタジアムや体育館でもいい。それらの場所、その施設、壁の落書きや記念のプレート、そうしたものが、そこでかつて競技をした人びとや応援した人びと、これからそこで競技をし応援する人びとに、さまざまな過去の歴史や記憶や伝承を語りかけ、さらには未来への夢をも語るだろう。学校やホテルのような公共施設でも、個人の住居でも、小さな公園や原っぱでも同様である。場所や建物には、その場所にまつわる伝承や記憶を呼び覚ますメディアとしての力がある。別の言い方をすると、土地や建物は、その場所に人が住まい、生活を営むことを通じて、つまり過去から現代にいたる時がそこで流れ、人びとの記憶や思い出と結びつき、それらが土地や建物をいわば「見出し《インデックス》」や「参照対象《レファレント》」として語り継がれてゆくことによって、伝承や記憶の媒体となるのである。そしてこのとき、物的なものである土地や建物や建造物は、単に物であることを超えて、固有の記憶やイメージの次元を獲得するのである。

人類学者のレヴィ＝ストロースは『野生の思考』で、オーストラリアの原住民にとって彼らの暮らす山や川、草原はただの物的環境ではなく、祖先たちの営みや神話的伝承を現在の中に蘇らせるための縁《よすが》であり、自分たちと先祖たちとのつながりを証し立てるものなのだと述べている。そうであればこそ原住民たちにとって白人たちによる開発は、先祖たちと自分たちの絆を断ち切り、彼らのアイデンティティを危機に陥れる苦痛を伴う。だがそれは、自分の生まれ育った町を再開発によって後にする老人や、幼いころ通った学校の校舎が建て替えられてもうどこにも存在しないことを知った青年、今壊されようとしている自分の家の前に立つ少女にも言えることだろう。それらは今・ここにいる私を、そこで過ごされた時や出来事と結び、過去の自分やそこにいた人びとと今の自分とをつなぐメディアなのだ。

世界の重なりに住み込む

こうしたさまざまなメディア、身体に始まり、言語、文字、書物、音響メディア、映像メディア、土地や建物や風景といったメディアに媒介された人びとのつながりや、そうしたつながりを通じて産出され、流通する情報やイメージは、相互に重なりあい、入れ込みあい、互いに参照しあったり言及しあったりして、私たちが「社会」や「世界」と呼ぶ場を形作っている。たとえば、それ自体の中にもさまざまなメディアを内包している東京のような都市を、伝承、記録、絵画や音楽、詩や小説やルポルタージュ、写真や映画といったメディアによる表現が参照したり、言及したりすることで、その場所にかかわる時間の記憶や伝承や記録やイメージがさまざまに作られ、流通し、読み替えられ、書き換えられてゆく。私たちが歴史や神話や伝承と呼ぶものは、そうした多様なメディアの相互参照、多様なメディアを通じてのさまざまな人と物と出来事と場と時の重なりあいを通じて形作られているのだ。

歴史も伝承も神話も、それを記録した文字の中だけにあるのではない。それは、文字をもその一部とするさまざまなメディア、土地や建造物や風景をも含んだ記憶と想起のメディアの、重なりあい、参照しあい、言及しあう関係の中にあり、そのような重なりや参照や言及の働きを文字通り仲立ちする人びとのつながりと営みの中にある。東京という都市も、日本という国も、そうしたメディアの重なり、言及、参照の中で、それ自体もまたメディアたりえ、また情報やイメージでもあるものとして私たちの身体と接続され、私たちの身体上に像を結び、経験され、記憶されていく。私たちはメディアを通じてつながり、関係し、そのつながりの中に、そしてまたその中を流通する情報やイメージの中に住んでいるのである。

【補説】想像の共同体

日本語で「国民」というと、国家の構成員である個々の人びとと、そうした人びとのあつまり全体のことを普通は連想するだろう。だが、「国民」という言葉に対応する英語のネーション（nation）には、国民のほかに「民族」という意味がある。そしてこの nation の形容詞形 national に、思想や主義を意味する ism がついたナショナリズム（nationalism）には、国家主義、民族主義、国民主義という複数の訳語がある。また、現在あるような国家のことをネーション・ステイト（nation-state）といって、それ以前の王朝や帝国から区別するのが社会科学では普通である。

世界史や政経の授業で「民族自決」という言葉を聞いたことがあるかもしれない。それは、民族つまりネーションは、それぞれ自らに対する統治権力のあり方を自ら決めるべきであるという考え方で、植民地独立運動を支える考え方でもあった。民族が自分たちの国家をもったとき、民族は国民になる。

ところで、こうした運動や国家の担い手になる民族や国民は、一望することなどできないような領土――ときにはたくさんの島のあつまりだったりもする領土――に暮らす、互いに顔見知りでもなければ親戚でもない数多くの人びとが、想像力を仲立ちとして同じ「民族」であると考え、政治的な力をもったときに現われる。互いに知らない人びとが、自分たちを「同じ民族」だと考え、ときにその民族のために命を投げ出したり、他の民族を殺すことを当然だと考えたりする。そんな想像力に支えられた共同体のあり方を指して、ベネディクト・アンダーソンは「想像の共同体（より正確には「想像された共同体（imagined community）」）」と呼んだ。

アンダーソンが用心深く、あらゆる共同体は想像の共同体であると言い添えているように、じつはどんな共同体――この場合「共同体」とは、互いにどこか「同じ」であると考え、そのことによってともにあることを当然と考えるような集団のことだ――も想像力にその基盤の不可欠な部分を負っている。「同じ歴史」や「同じ言語」をもつからといって、それらを自分たちの存在の不可欠の共有部分と見なすのは、人間の想像力の働きなのだ。

第8章

第二の身体としてのメディアと技術

代行、拡張、変容

メディアを介したつながりの中に住み込み、それによってメディアが媒介する情報やイメージの中に住み込んでいるということは、そもそもは個々人の身体をつながりの場としていた社会的な関係が、文字や書物、新聞や雑誌、ラジオやテレビ、電話やインターネットといった〝メディア〟によって〝代行〟されるようになるということだと、さしあたり言うことができる。だがしかし、「代行」という、文字通り「代わりに行なう」を意味する言葉は、メディアに媒介されることが人びとの感覚や意識、関係に生み出す変化を、じつは正確に捉えていない。

たとえば頭で覚える代わりに文字で記録するとき、そこには頭で覚えるのとは異なる正確さや詳細さが付け加わる。そしてまた、同じ文字情報を繰り返し見ることや、他の人びとともに見ること、書き写して伝達したり、流布させたりすることも可能になる。文字に書かれたとき、言葉は口で語られるのとは違った現われ方をし、その言葉が結びつけるつながりの時間的、空間的な広がりや形も変容する。文字やそれに類する情報媒体がなければ、広大な領土を統治する国家もありえないし、出来事を年代順に記す編年体の歴史や記録もありえない。経典も、娯楽的な読み物も、科学論文も、ビラやチラシも存在しないし、そうしたさまざまな「書かれたもの」をめぐる関係も存在しない。文字は、音声言語の機能を単に代行しているのではなく、言語と人間や社会の関係を変容させ、それによって社会のあり方を変容させるのだ。

ラジオやCDのような音響メディア、写真やテレビのような映像メディアも、私たちの〝代わり〟にどこか遠くの音や映像を届けているわけではない。それらがもたらすのは、聞いたり見たりすることが他者による編集を介して、私の身体がある「今・ここ」を超えた広がりをもちうるという新しい経験の形であり、それまで伝聞のような間接的な情報やイメージによって形作られていた「遠い場所」――時間的にも空間的にも遠い場所――が、現に耳で聴き、目で見ることのできるようなリアリティをもつ場所として、私の経験の広がりに組み込まれるということである。そしてそのような経験を、私たちは同じ放送やディスクを見聞きする他の人びとと共有することができ、そのような共有の経験がCDやDVDのような形で商品として売り買いされるようにもなる。こうした音響・映像メディアを受容した社会では、「メディアが私に代わって遠くの事物を見聞きしてくれる」という〝代行〟にとどまらない世界の見え方や現われ方の変容、世界に対する私たちの了解や感覚の仕方の変容があり、見聞きされる音響や映像を介した社会的なつながりの広がりや形の変容がある。

二〇世紀半ばを代表するメディア論者の一人、マーシャル・マクルーハンは、メディアのこうした働きを「身体の拡張」という言葉で捉え、身体の拡張がもたらす社会的な関係の形や広がり、速度の変化を「メディアのメッセージ」という、ちょっと変わった言い方で表現した。たとえば新聞というメディアは、文字や写真で構成された紙面を日々定期的に発行し、大量の読者に販売することで成立している。新聞のこうしたあり方によって、読者は自分で見聞きすることができない場所をめぐる情報やイメージや知識へと各自の意識や思考、視覚を拡張し、大量の人びとが日替わりで同じ情報やイメージ、思考を共有するという、それ以前には存在しなかった関係の形や広がりやパターンが作り出されるわけだ。テレビやラジオも、新聞という先行するマスメディアが可能にしたこうした集合的な知覚や意識や思考に、音響や映像の次元を付加しただけでなく、大量の人びとがリアル・タイムでより臨場感をもった形で同じ状況に日々参加し、そこで提供される〝知識〟や〝面白さ〟や〝感動〟を共有し、それらを待ち焦がれ、消費し続けるという関係の形を作り出した。たとえばこうした関係の形が、新聞やテレビやラジオの「メディアのメッセージ」なのだ。

とすれば、身体が私たち個々人にとっての経験や関係の場であるというのと同じように、メディアは私たち個々人にとっての、そしてまた同じメディアに媒介され、情報やイメージを共有する人びとにとっての集合的な経験や関係の場であるという意味で、拡張され、変換された「第二の身体」とでも言うべき存在なのだ。現代の私たちが特定の他者とかかわったり、地域や学校や組織や行政などの社会的な場とつながったり、世界に対する了解やイメージをもったりする場は、私たち個々人の身体を超えて、文字やさまざまな音響メディア、映像メディアの中に私たちが集合的に住み込み、それらに媒介されることを通じて形作られ、広がっている。私たちは、文字以前の人間や写真以前の人間、ラジオ以前の人間やテレビ以前の人間とは異なる社会や世界とのつながり方、世界に対する了解やイメージの仕方を、さまざまなメディアを第二（第三、第四……）の身体として生きているのだ。

メディアとしての道具

ところで、人間と社会や世界とのつながりを仲立ちするのは、ここまで見てきたような情報やイメージを伝達、蓄積、再現するコミュニケーション・メディアだけではない。

人間は、農具を使って大地に働きかけたり、工具や機械を使って木や石や金属に働きかけたり、調理道具を使って料理をしたりする。医療器具や美容器具で体に働きかけることもあれば、自転車やオートバイ、自動車や電車で肉体では出せないスピードを出し、遠くに出かけて用を足したり、物や情報の移動・伝達に利用したりする（郵便局の車やオートバイは、手紙というコミュニケーション・メディアを運搬しているという点で「情報メディア」でもある）。人間が自己や他者、社会や世界に働きかけるための仲立ちとなるこうした物は「道具（tool）」や「機械（machine）」と呼ばれ、それらを用いたり、それらの働きを制御したりする方法は「技術（technique, technology）」と呼ばれている。ここまで見てきたコミュニケーションのメディアも、情報を伝達したり、知覚を拡張したりするための道具や機械であり、それらを使ったり、制御したりする方法は「情報技術」や「知覚技術」という技術である。

言語について述べたとき、言語は身振りの延長線上に位置する身体技法と考えることができると述べた。同じように、さまざまな道具を身体の延長として捉え、それらを用いる技術を身体技法の延長線上に捉えることができる。たとえば原始的な石器や土器は、掌や腕の延長線上に現われるものと考えることができる。掌では掘ったり切ったりできないものを石器で掘り、斧や槍にすることで腕では生み出せない力や到達距離を手に入れる。掌ではすくいきれない量や、熱さをもったものを土器に入れ、持ち運びするなど、原初的な道具は身体的な能力の限界を超えて世界とかかわるために作られ、使用されたのだ。こうしたものの延長線上にピストルやミサイル――手で殴るよりはるかに強い殺傷力と遠距離到達能力のある「腕の延長」――や、さまざまな食器や容器がある。多くの道具や技術は、つかむ、運ぶ、殴る、掘る、歩く、走る、跳ぶといった人間の身体的な運動や身体による働きかけの延長線上にある。

「多くの道具や技術」と右に述べたのは、必ずしも単純に身体の延長とは言い切れない道具や技術もあるからだ。たとえば火を用いる技術。火は人間の身体に発するものではない。あるいはまた、酵母を用いて発酵させる技術。これは、人間以外の他の生物を利用する技術である。とはいえ、ガス調理器具や溶鉱炉も、家庭用ビール醸造キットや大規模な醸造施設も、人間が直接火を扱ったり、甕や室《むろ》を使って発酵させたりする代わりに道具や機械を使い、それによって効率性や操作性を高めるという意味では、やはり身体を使った世界への働きかけの延長線上にあるものとして考えることができるだろう。コンピュータ制御機能のついたレンジや醸造施設は、そこにさらに「神経」や「脳」の機能を代行、拡張する技術を組み込んだものだと言うことができる。

人間が住み込んでいるのはコミュニケーションのメディアだけではない。「物のネットワーク」という言葉ですでに触れたように、人間はコミュニケーションのメディア以外の道具や機械の中に住み込んでいて、それらを仲立ちとして、第二（第三、第四……）の身体を通じて他者や社会や世界とのつながりを生きている。そして、それらの道具や機械は、自己や他者や世界への働きかけ、自己や他者や世界とのつながりを仲立ちするという意味で、やはり「メディア＝媒体」と呼びうるものなのだ（たとえばマクルーハンのメディア論は、メディアと道具・機械を区別していない。メディアを「身体の拡張」と捉えるマクルーハンの議論では、道具も機械もすべて「メディア」である）。

メディアと歴史

太古の昔に人間が言語や道具を使い始めたばかりの段階では、コミュニケーションのメディアも道具もごく限られたものでしかなかっただろう。現在でも草原や森林を移動しながら狩猟採集する人びとは、ごくわずかな道具しかもたないし、書類や電話やテレビを持ち歩いたりもしない。もっともこのことは、そうした社会における情報やイメージの少なさや貧しさを意味するわけではない。そうした社会では口承による説話や神話、歌などが一般に豊かだし、第7章でも見たように、自然環境の中に神話や伝承を読み解いたり、そこから有用な知識を引き出したりする〝技術〟も存在しているからだ（それに対して現在の私たちは、そうした方面の「情報量」が相当低く乏しい社会に生きている）。

農耕定住生活をするようになると、人びとが身の回りに置く道具は格段に増加する。そもそも、「住居」やその集合体である「村落」も、個別あるいは集合的な「住むための道具」である。歩くためにつき固められた道や、労働や祭礼のために作られた広場も、自然の大地ではなく人が使用し、共同の活動のために利用するものであるという意味でやはり「道具」である。こうして人は、以前に比べてはるかに増えた道具の中に住み、これらの道具が作り出す「物のネットワーク」に支えられて社会生活を営むようになる。そして、その道具の中のいくつかの物にはさまざまな印や記号が描かれたり、言葉を再現するための道具である文字が書かれたりするようになる。そうすると、口伝の記憶に支えられていた情報とイメージの次元は、情報メディアという道具――それはやはり「物」でもある――に支えられるようになる。

古代都市文明のような都市や国家ができると、量的にさらに増加し、ときに巨大化し、多様化したさまざまな道具の中に大量の人びとが暮らし、それらの道具をメディアとしてつながり広がる社会が出現することになる。そこでは道具と、道具を仲立ちとして人びととの力を組織し、世界に働きかけさせる技術が高度に発達し、巨大な建造物を作り上げたり、強大な軍団による戦争をしたり、大規模な灌漑による農地の拡張などを「国家」として行なったりすることが可能になる。文明史家のルイス・マンフォードは、こうした古代文明のあり方を指して「巨大機械《メガマシン》」と呼んだ。それは、普通言う意味での「機械」の出現以前に、これらの社会がさまざまな道具――そこには文字も含まれる――と人間の力を部品のように組み合わせ、全体として巨大な力と能力を発揮する、拡張され、連合した巨人的な第二の身体を作り上げたからである。ピラミッドや万里の長城などの古代の巨大建造物は、古代のこの巨大機械が作り上げた記念碑であると同時に、その巨大な部品でもある。そして、古代国家が作り上げた神話や歴史――ここで「歴史」とは歴史的事実のことではなく、文字によって書かれたり刻まれたりした「文《ふ》=史《み》」としての歴史を意味している――や法制もまた、この巨大機械を支えるプログラムとして存在し、機能していたのである。

機械という〈他者〉

現代の社会は、石炭や石油、ガスなどの化石燃料と結びついた機械技術、電気を動力とし電気的・電子的な回路を用いる機械技術や情報処理技術の高度化、科学技術を利用したさまざまな素材の開発、発酵技術やワクチン開発から遺伝子組み換えにいたる生物や生命を対象とする諸技術、放射線や核融合を利用した医療から軍事にいたる諸技術等々の、一八世紀から今日まで展開し続けている高度化の結果として、人間の歴史がかつてもったことのなかった大量の道具や機械と、それらをあつかう高度の専門性と応用性をもった技術の上に存在している。「産業革命」「エネルギー革命」「IT革命」といった言葉はそうした技術上の高度化の画期を指す言葉であり、そのような諸「革命」を経て成立した社会は「機械文明」や「技術文明」と呼ばれたりもする。

こうした機械文明、技術文明としての現代社会の特徴は、人びとの生活が個人的にも集団的にも巨大な道具、機械、技術の複合体に依存している一方で、その成り立ちやメカニズムは一部の専門家や専門機関にゆだねられていて、それ以外の一般の人びとには容易に知りえないものになっているということだ。しかも、その専門家や専門機関も、巨大な機械や技術のごく一部をそれぞれの専門分野としているにすぎず、それ以外の分野についてはやはり「一般人」やそのあつまりであるにすぎない。道具、機械、技術の高度化と一般化は、それに歩調をあわせて知識の高度化と専門化を生み出すのだが、高度化と専門化とは同時にまた知識の希少化と偏在化（＝偏って存在するようになること）でもあるわけだ。

私たちは、私たち自身にもわからない道具や機械や技術によって、私たちの祖先たちがかつてもったことのない巨大な力や法外な速度、膨大な量の情報を利用し、それによって拡張された身体と社会を生きている。このことを、かつてない便利さや快適さをもたらすものとして肯定的に捉えるか、技術による人間の支配や環境の破壊を招くものとして否定的に捉えるかということについては、きめ細かい思考とさまざまな具体的事例の検討が必要なので、ここでは立ち入らない。ただし、単純に「自然に還ろう」とか「高度で専門的な科学技術よりも手作りの道具や職人技が大切だ」といった意見は、個々人の趣味としてはともかく、現代社会という大きな関係状況に対しては現実的な議論ではないということは、言っておいてもいいかもしれない。

ここで注意しておきたいことは、このように個々人が知り尽くすことも制御し尽くすこともできない機械や技術の特性は、一種の〈他者性〉と見なすことができること、そしてこの他者性は今日の技術文明にのみ固有のものではなく、道具や技術に最初から備わっていたものであるということだ。

そもそも、物やその使用法である道具や機械や技術に〈他者〉という人間を指す言葉を使うことは、奇妙なことに思われるだろう。ここまで見てきたように、道具も機械も技術も、人間の身体による世界や他者への働きかけの延長線上に現われてくるものだ。手で裂く代わりに石器で切る。掌ですくうかわりに土器ですくう。こうした道具の使用は、まさに身体の延長として理解することができるだろう。自分たちが使うために作り出した道具や、それを使用するための技術は、それを作り、利用する人間のものである。

だがしかし、道具や技術はときに思いのままにならなかったり、予想外の結果を生んだりする。肉を裂くつもりで自分の手を傷つけてしまったり、必要以上の量の食料を貯蔵することが可能になったり、道具や技術は人間が自分たちのために作り出したものでありながら、それを作り出した意図を超えた結果や効果をもたらす。そして、そのような結果や効果を受けとって、人間は、今度はその結果や効果を自分のために利用しようとし、人を傷つけるための「武器」を作って使用したり、大量の物資を貯蔵して独占するようになったりする。それは、人間が身体の拡張として作り出し、使用するものが人間を超える力や能力を生み出すということであり、そうした道具や技術を「第二の身体」として生きることを通じて人間が、自らの意図を超えた存在になってしまうということである。このとき、道具や技術は人間の拡張でありながら、その意図を超えた未知の意味を秘めた他者的な存在として現われる。そして、そのような道具や技術を第二の身体として生きることによって、人は自らにとって他者性を帯びた存在として現われる。

このことは、情報メディアという道具やその技術にもあてはまる。そもそも声に出して言葉を発したとたん、私たちの言葉は他者によって、私が意図したのとは異なる意味にとられる可能性へと開かれる。思わず口に出した言葉が、本人の意思や意図を超え、あとあとまで自分を縛ってしまうこともある。書かれた文字や撮られた写真、録音された音声が、多くの人びとに読まれ、見聞きされることで、当人が思いもよらぬさまざまな力をもつこともある。人は法律の言葉に従うだけでなく、ヒットソングに心奪われ、テレビの映像に魅せられることを通じて政治的に動員されてしまうこともある。それは、私たちの身体や知覚の延長線上に現われたメディアという道具とそれを使う技術が、私たちに由来しながらも、私たち個々人の意図を超えたものとして私たちに働きかけ、私たちを支配したり、誘惑したりするということである。

不気味になる世界

社会という広がりが道具や技術に支えられているということは、社会が互いに他者である人間たちのつながりであることによって他者性をもった場であるだけでなく、自分たちが生み出し、その中に住み込んでいる道具や機械や技術によっても他者性を帯びた場所であるということだ。現代の技術文明において、技術が人間には知ることのできない意味を帯びていることを、哲学者のハイデガーはかつて「不気味」という言葉で表現した。

だが、道具や機械や技術はそれらが高度化した現代になってから不気味になったのではない。自分自身の意図を超えて解釈されてしまう言葉を口にし、自分や他者を傷つけたり、世界を変貌させてしまったりするかもしれない道具を手にしたときから、人間の生きる世界は不気味なものになり始めたのである。

【補説】技術論とメディア論

通常の学問的な住み分けだと、技術は理科系の対象、社会は文科系の対象ということになるだろう。だが、人間の社会はいつもなんらかの技術とともにあり、また技術のあり方は社会によってさまざまな形で規定されているのだから、技術をめぐる議論と社会をめぐる議論

は不可分に結びついている。ハイデガーは、そうした技術と人間存在の関係について深く考えた哲学者の一人である。

　この章でもその名をあげたルイス・マンフォードは、技術という点から人間の歴史と文明について考え続けた文明史家である。『機械の神話』や『歴史の都市　明日の都市』などのマンフォードの著作は、既成の学問分野に収まらないこともあってなかなか正当な評価に恵まれないが、技術や都市に関する重要な指摘や洞察に満ちている。

　そのマンフォードの影響を受けた研究者の一人に、こちらもまた特定の専門分野に収まらないがゆえに、「メディア論」という新たな研究分野のパイオニアともなったマーシャル・マクルーハンがいる。マクルーハンのメディア論は、コンピュータ技術が私たちのメディア環境を変えていった一九八〇年代以降——マクルーハン自身はすでに死んでいたけれど——、急速に再評価されるようになっていった（マクルーハン自身にとっては「現代」を代表するメディアはコンピュータではなくテレビだったのだが）。そして同じころ、一九三〇年代に亡くなった哲学者・批評家のヴァルター・ベンヤミンもまた、メディア論の先駆者として頻繁に語られるようになった。

「メディアはメッセージである」に代表される警句的な物言いとハッタリめいた直感に満ちたマクルーハンと、過去のさまざまな言葉をコラージュしつつ秘教的な言葉の迷路を進むようなベンヤミン。二人のメディア論の先行者たちの言葉は、いずれも一筋縄ではゆかないわからなさに満ちている。そもそも、メディアという言葉や情報の媒体の存在を意識したとたん、人は素直に語ることができなくなるのだ。メディア論者の言葉は、言語や書物のメディア性や、そうした言語やメディアがいまやさまざまな音響メディア、映像メディア、情報メディアと隣りあい、それらとの関係の中にあることの意識と不可分なのだろう。ベンヤミン、マクルーハンの後、そのようなメディア論的な自意識とともにあった論者の一人として、フリードリッヒ・キットラーをあげることができる。

第9章　科学から魔術へ？

科学・技術の合理性

前の章の最後に、道具や機械、技術の、そしてそれらの巨大な集積の上に成り立つ現代社会の「不気味さ」ということについて述べた。だが、道具や機械や技術とは、人間の理性と知的探求がもたらした、世界への合理的な働きかけの手段であるとするほうが、それらに「不気味さ」を見るよりも、現実にはむしろ普通の考え方だろう。

実際、どんな原始的な道具や技術でも、世界に対する観察と理解、それにもとづく創意工夫があってはじめて可能になる。たとえば石器は、ただ石を砕くだけでは作れない。石の種類と特徴を見定め、結晶の向きを考慮して特定の仕方で砕き、加工し、適切なやり方で使用することで、石の破片はただの破片ではなく「石器」になる。石で矢じりを作り、使用するためには、矢じりに相応しい石の属性や加工法だけでなく、その産地、入手法、加工法、矢にふさわしい軸の素材となる木材や、矢じりをくくりつけるのに使用する紐やそれを作るための植物繊維に対する知識や加工法、矢をつがえる弓の製法や使用法、効果的に弓を射るための体の使い方、さらには狩猟の対象となる動物やその生息環境に関する知識とそれに即した狩猟法などの、さまざまな知識と技術が必要になる。これらの知識や技術とともにあることによってはじめて、矢じりは矢じりとして社会の中に存在しうるのである。

道具は世界に対する合理的な知識と、それにもとづいて物を加工したり、使用したり、身体を使いこなすこととが結びつくところに存在している。だとすればそれは、不気味どころか、世界に対する理性的な解明と働きかけの結晶だと言うこともできるだろう。現在の私たちが利用する高度化した科学技術やそれにもとづくさまざまな装置やシステムは、そうした解明と働きかけの積み重ねの巨大な成果である。

今日では、道具や機械や技術の多くは「科学」と呼ばれる知のあり方となんらかの形で結びついている。たとえばバケツや包丁のような、近代的な科学技術の出現以前から使われている道具も、その素材や製法が科学技術によって改良されていることが多い。

科学は宗教より〝無知〟である

科学とは何だろう？　それは、単に確実な知識のことではない。仮説と検証によって確かめられた法則性によって世界を理解することが、科学という知の特徴である。古典力学も、相対性理論も、進化論も、遺伝子理論も、物の運動や生物の多様性、形質の遺伝などの観察可能な事実や出来事を説明するために、論理整合的に――ようするに「筋道立てて」――作られた仮説、つまり「仮の説明」である。こうした仮説は、それらと合致する事実があり、そしてそれらを否定する事実が見出されないかぎりで、「さしあたり真なる理論」として認められる。科学的な「理論」はこうした実証性――それを支持する事実があること――と反証可能性――その真偽が実験や観察によって証明されること――をもたなくてはならないとされる。こうした手続きによって科学、とりわけ自然科学は「確実な知識」としての明証性をもつものとされるのだ。

だがしかし、そうであるとすれば、ようするに科学とは「すべてを知ることができる知」なのではなく、「実証的な手続きによって知りうるものだけを知る」ような知なのだということになる。科学的な知は、実証的な手続きによって真であるととりあえず認められる仮説以外は、「（まだ）わからない」として判断を保留しなくてはならない。そしてまた、どんな理論も「仮説」である以上、つねに〝とりあえず〟で〝今のところ〟のものにすぎず、それに反する事実によっていつ否定されないともかぎらない。科学的な知は「究極の真理」などけっして指し示さない。それが提示するのは、いつ否定されてもかまわない「さしあたりの真理」なのだ。

地球上のさまざまな海域や陸地の科学的な調査や測量が行なわれる以前の、古代や中世に描かれた多くの世界図には、その地図を描いた人びとがいまだ行ったことのない「未知の大陸」や「楽園」がしばしば描かれ、魔人や怪物たちが描き込まれることもあった。未踏の地は空白にしておく近代の科学的な地図とは異なり、中世以前に作られた世界図を貫く原則は、「知らない場所は、信仰や宇宙観にもとづく信念によって描く」というものだ。未知の大陸を人は経験的事実としては知らないけれど、信仰や宇宙観にもとづく信念としては〝知っている〟というわけだ。世界に対する神話的、宗教的、呪術的思考は、実証的に知りえないものについても、信仰や宇宙観によって〝知り〟、〝理解する〟。そこでは、科学的な知においては「知りえないもの」として沈黙しなくてはならない領域が、信念と想像力によって「知りうるもの」となり、描かれうるものとなるのである。

だから、科学に対する私たちの常識的な理解にはいささか反するかもしれないが、科学的な知は、宗教や神話や魔術や呪術よりも「無知」なのだ。逆に言うと、科学的な知の立場からすれば「わからなさ」を受け入れねばならないときにも、宗教や神話や魔術や呪術は非科学的な仕方で「わかってしまう」のである。

透明さと不気味さと

道具や機械、技術は科学的な知識と結びつくことで、その予測可能性と操作可能性を高めてきた。そもそも科学と結びつく以前から、道具も機械も技術も、一定程度の確実な結果や効果を得るためのものであるという意味では、世界を予測可能で操作可能なものにするものだった。一定の使い方をすれば誰でもが利用でき、一定の成果が上がることが、道具や機械や技術の本質なのだ。ある目的に対して、リスクやコストを少なくし、効率をより上げるという意味で、道具や機械や技術は「合理的」である。そして過去二世紀以上にわたって、道具や機械や技術は科学と結びつくことで、この合理性を高めてきたのである。

ところで、原始や古代の人類にとって、世界は意のままにならない不透明さと、魔物や精霊が跳梁跋扈《ちょうりょうばっこ》する不気味さに満ちていた。そうであるがゆえにそこでは、その不透明さと不気味さを消し去る術《すべ》、すなわち技術としての呪術や魔術、宗教が必要とされたのだ。だから呪術も魔術も宗教も、近代科学技術の側から見てそれらがいかに不透明で不気味なものに見えようとも、それらに固有の透明さと理解可能性をもたらすものだったのだ。技術やそれを基礎づける科学的知識を蓄積し、道具や機械とそれらを使いこなす合理的思考をもつ現代人にとっての世界は、呪術や魔術、宗教がもたらす透明さと理解可能性を〝誤った透明さ〟、つまり誤謬として退け、理論的な仮説と実証にもとづく別種の透明な理解可能性と操作可能性で置き換えていったのである。

だがしかし、前の章で見たハイデガーの言う意味での「不気味さ」は、こうした「合理性」をもつ科学技術が、その合理性の追求を通じてさらに新たな予測不可能性を生み出してしまうことを示している。科学にもとづく技術の中にも、それを生み出した科学にはあらかじめ予想ができなかったり、今のところ理解することができなかったりする不透明な領域があり、科学技術の発展と高度化は、そのほの暗い領域を拡大させてゆく。私たちの社会は科学技術によって、これまでのどんな社会よりも明晰で透明な理解可能性を手に入れたように見えるけれど、そのことによって同時に、これまでのどんな社会よりも巨大で強力な力とともにある、不透明で理解不可能な領域を抱え込んだのだ。

明晰な合理性と不気味さはどちらも、今日にいたってなお、道具や機械や技術の本質なのだ。

さまざまな合理性

ところで、科学的であることと合理的であることとは、いつも一致するわけではない。

科学的であるとは、世界に対する知識や探求、働きかけが、科学を特徴づける実証性や反証可能性にもとづくようになるということだ。それに対して合理的であることは、必ずしも科学的である必要はない。現代の日本語では「合理的」という言葉や「合理化」という言葉は、「効率的」や「効率化」

という言葉とほぼ同じ意味で使われることが多い。だが「合理的」という言葉には、もっと広範かつ複雑なニュアンスがある。

合理的であるとは、文字通りには「理に合っている」ということだ。だが、「理」と言ってもいろいろある。与えられた目的に対して最小のコストで最大の効果を上げることが理にかなっていると考える人もいれば、たとえ効率は悪くても道徳的な正しさや倫理性といった価値観に即した行為や状態を選択することが理にかなっていると考える人もいる。

たとえばスポーツの試合で、対戦相手がどこかを怪我しているとしよう。競技に際しての目標は勝利することだ。そして、より確実に勝利するためには、競技のルールに違反しないかぎりで相手の負傷を利用し、ときにそれを痛めつけるような攻撃を仕掛けることが理にかなっていよう。だがしかし、そのように相手の弱みを利用することはルール違反でなくともフェアではないと考えるならば、それは理にかなってはいないという判断もありうる。この場合には、相手の弱みを攻めないこと、ときにはそれによって自ら敗北してしまうことが、合理的であるということになる。

また、いわゆる「お役所仕事」では、仕事の効率性よりも所定の手続きを踏み、前例を踏まえ、役所の縦割り区分が守られていることが重視される。目標を達成するための効率的な手段という視点からすればまったく理にかなっていないこうした「官僚体質」も、所定の手続きを踏み、あらゆる事案を例外なく平等に、失敗なく処理するという官僚制の「理」に即してみれば合理的だと見なしうる。

このように、ある行為や状態が合理的であるかどうかは、どのような「理」を規準とするかで違ってくる。合理的な行為や状態とは、ある「理」の規準に関して適切な行為や状態が選ばれていることが、行為者にもそれを観察する人びとにも納得できるということなのだ。

社会科学の〝巨匠〟の一人、マックス・ヴェーバーは、与えられた目的の達成に対して最も適合的と思われる手段を選択するという規準にもとづく行為を「目的合理的行為」、ある価値観や美意識に即して最も妥当な行為を選択するという規準に基づく行為を「価値合理的行為」と呼んだ。また、官僚制のように形式的な整合性と計算可能性を追求するような「理」のありかたを「形式合理性」と呼んで、行為の内実が一定の規準に即して価値があったり、目的に応じていたりするかを重視する「実質合理性」から区別している。

重要なことは、いずれの「合理性」にしても、自分一人で「理にかなっている」というだけでは「合理的」とは言えないということである。合理性とは、ある行為や状態の当事者にとって「理にかなっている」と思われるだけでなく、その当事者ではない人、行為や状態を評価する他の規準をもった人びとにも、ある規準を採用した場合には「理にかなっている」と判断できるような、行為や状況の選択なのだ。価値合理的行為は、目的合理的行為に「理」を見る人からすればまったく合理的ではないにもかかわらず、その価値観に即せば「理にかなったもの」と見なすことができる。また、実質合理性の立場に立つ人から見れば官僚制の形式主義は合理的ではないが、形式的な整合性と計算可能性を重視するという立場を仮にとってみれば、その合理性を理解することは不可能ではない。合理性とはこのように、ある「理」の規準に即して、当事者以外の他者たちから見ても「理にかなっている」ということなのである（それに対して心理学で言う「合理化」は、傍目には合理的ではないような行為や状況の選択を自分自身で納得させるために行なわれる。とれなかったぶどうの実を、「あのぶどうは酸っぱいや」と言ったイソップ物語の狐のような心理である)。

理解できないことを信じる

現代の社会で「合理的」とか「合理化」と呼ばれているのは、主として科学的な知識やその応用である科学技術によって、ある目的に対する最も効率的な手段や方法を選択するような「合理性」とその追求である。現代の技術文明は、こうしたさまざまな合理性の中で、科学的な知識にもとづく合理性を追求し、それを社会の中で応用することによって発展してきた。

企業の経営、職場の管理、商品の開発などでも、科学的な合理性と効率の追求は最も大きな規準の一つである。新しい科学技術を応用した商品は性能を向上させ、最新の技術や知識を利用した生産体制や業務システムは効率を高め、コストの削減を可能にし、利潤の増大をもたらすのだ。

日常の暮らしの中にも、科学化と合理化はさまざまな形で入り込んでいる。さまざまな電気製品やガス製品は、炊事、洗濯、掃除などの家事の「合理化」を進めてきた。住宅の間取りやキッチンのレイアウト、家庭電気製品や家事用品のデザインでは、最新の人間工学が応用され、無駄なく機能的な生活が設計される。どこかに行きたいと思えば、インターネットの路線検索等で、最も速いルートや最も安価なルートを調べ、そこから最も合理的な経路を選ぶこともできる(そうして選ばれ、利用される交通機関が高度な科学技術の結晶であることは言うまでもない)。最新の研究にもとづく効率的なダイエットや、科学的に実証された健康法もある。最新の研究にもとづくスポーツ飲料やうまさを科学的に追求した製法のビールを飲み、バイオテクノロジーを駆使して作られた食品を口にする。インターネットを駆使してさまざまな情報を仕入れ、最新の金融理論に基づく投資商品で資産運用することもできる。そもそも、そうした生活を可能にするエネルギーの供給、上下水道のシステム、金融の制度等々はみな、さまざまな科学技術が可能にしたエネルギーと情報の制御とネットワークの上に成り立っている。それが私たちの科学的で、合理的な生活である。

だがしかし、前の章でも触れたように、そうした科学化され、合理化された生活を営む個々人は、いわゆる「専門家」も含めて、特定領域の科学的成果を自らの手で検討したり、判断したりすることなどできない。もちろん私たちは、算数、数学、理科などの学習を通じて世界に対する科学的な理解の基礎を学んだことになっており、高度な科学技術もそうした基礎の延長線上にあるらしいということを知っているけれども、では具体的にそれらがどのような延長線の上にあるのかを説明することはできないことのほうが多いだろう。この机の上のパソコンが、台所のあの電子レンジが、なぜ、どのようにして動くのかを私は知らないが、それらを使えばある目的を容易に達成できるということは知っている。科学技術の高度化によって社会の合理性を高めるためには、その研究と応用を特定の専門家や機関にゆだねることが合理的であり、それゆえ個々の人びとはそうした専門化した科学や技術を理解できないことを甘受するのが合理的なのだ。

このとき、私たちは「科学」とその「合理性」を自らの判断において信じているのではない。私たちは、特定の分野を担当する専門家集団や、彼らが設計・運営する技術やシステムの科学性と合理性を、理解はしていないけれども信じているのだ。科学技術文明を生きる個々の人びとにとっての合理性とは、そうした専門家集団や彼らの設計・運営する技術やシステムを信頼することが理にかなっているという合理性である。科学技術という知のシステムや、それが可能にしたエネルギーや情報を制御し、利用するシステムの合理性への信頼を合理的と考えるという意味で、そうした合理性を「システム合理性」と言うこともできるだろう。

魔術化する科学技術

けれども、そうだとすれば私たちは、原始や古代の人びとに比べて透明な理解可能性を手にしているとは必ずしも言えなくなる。操作可能性については、確かに向上したかもしれない。ナイフのような単純な道具を使う技術は原始や古代の人びとに劣るかもしれないが――石器の使用法についてならなおさらだ――、日々の暮らしの中で私たちは数多くの道具や機械や装置を使いこなし、その便利さを享受している。だがしかし、そうした道具や機械や装置がどのように作られ、どのように動いているのかを、私たちの多くは理解していない。科学技術の発展と社会への応用、浸透は、「便利だが理解できない領域」を増大させる。通常の暮らしの中で、私たちはこの「わからなさ」の領域に目を向けることは普通ない。だが、いったんそこに目を向けるなら、現代の社会が個々の人びとにとっては見通すことのできない不透明さをもった科学と技術の上に立っていることがわかるだろう。世界を透明で合理的なまなざしの下に理解し、操作することを可能にしてきた科学と技術は、専門家ではない個々人にとっては不透明だけれども役に立つ、まるで魔術のような領域を広げていったのである。

こうした不透明さの中で、そもそもは「仮説」、つまり「仮の説明」にすぎず、実証的な手続きによって確認できないことについては「わからなさ」を甘受しなくてはならない科学とその応用である技術が、来るべき将来にはいずれすべてを説明し、解決することができる「究極の真理」であるかのように受けとられたり、語られたりすることになる。科学によって何でもわかるようになると考え、技術によって何でも解決できると考えるとき、人は、科学が受け入れなくてはならない「わからなさ」に耐えることができなくなって、「何でもわかり、何でも解決できる」という魔術や神話のような力を、科学や技術の中に見出そうとするのだ。そう、現代の社会で科学は魔術化されうるのである。

たとえば二〇世紀末の日本のオウム真理教の事件では、大学院で最新の科学技術を学び、研究していた若い科学者たちが、既存の科学に飽き足らずオカルト的な「超科学」に惹かれていったことが話題になった。だが、そうした「科学」から「超科学」へのジャンプは、現代社会における科学技術の魔術化を考えれば、決して不可解なことではない。科学がすべてを説明でき、技術がすべてを解決できるべきだという考え——言うまでもなく、これは非科学的な立場である——に立つとき、科学や技術は神話や魔術になる。科学化され、合理化された社会の中で、私たちはそんな神話や魔術の園にも住んでいるのだ。

【補説】マックス・ヴェーバーと「古典」

「マックス・ヴェーバー」。

ちょっと踏み込んで社会科学を学ぼうとすると、いろいろな講義や書物でこの名前に出くわすだろう。社会学はもちろん、政治学でも経済学でも、社会思想でも法律学でも、あるいは宗教学や科学論でも、ヴェーバーの名に出合うことだろう。それくらいマックス・ヴェーバーの仕事は多岐にわたり、その影響力は今日にいたるまで巨大である（ちなみに、姓だけでなくファースト・ネームから一息に「マックス・ヴェーバー」と言われることが多いのは、それなりに有名な弟のアルフレートと区別するためだろう）。

ヴェーバーとほぼ同時代人で、社会学内での影響力はヴェーバーと同じ位に大きく、その系譜からモース、レヴィ＝ストロースなどが出たフランス社会学のやはり〝巨匠〟にエミール・デュルケムがいるが、社会学や人類学を超えた影響の広がりという点ではヴェーバーにかなわないだろう（もちろんそれは、だからヴェーバーのほうがデュルケムより重要だということではない）。

多岐にわたるヴェーバーの仕事を貫く問題意識は「近代とは何か？」という問いであり、「何ゆえヨーロッパのみがその内部から近代という社会を生み出しえたのか？」という問いである。この章でも取り上げた「合理化」の概念の整理や「魔術の園からの解放」という考え方も、次の章で取り上げる「カリスマ」という言葉の社会学的な定式化と理論化も、そうした問題意識から出てきたものだ。

学説史や概論的な語りはこの本で目指すところではないのだが、ヴェーバーの仕事とその広がりをなんらかの形で押さえておくことが、社会学を知るうえで大きな助けとなることは確実である。とはいえ、いきなり読み始めても、「あーでもない、こーでもない」を繰り返すようなその晦渋な語り口に閉口するかもしれない。そういう場合には、ヴェーバーについての解説書——各種取り揃えていろいろアリ——に目を通して、それからヴェーバーの著作を読んでみるといいかもしれない。とはいえ、解説書に書かれていることを確認するために読むのでは意味がない。解説はもとのテクストに対する解釈の一つにすぎない。「古典」と呼ばれるに値するテクストならば、ヴェーバーにかぎらずデュルケムでもマルクスでも、解説に還元できない多様さや豊穣さ——それは同時に「わからなさ」でもある——をもっているはずだ。「重要そうだけどよくわからない」というところから考えること。大切なのは、このことだ。

第10章 スター、カリスマ、独裁者

ファシズムと全体主義

現代においてある種の魔術性や非合理性とともに人びとを捉えているのは、科学や技術だけではない。

たとえばファシズムや全体主義。こうした政治体制は、単に独裁的で抑圧的な体制なのではない。独裁的な指導者に対する熱狂的な信奉や忠誠と、国家や民族に対する熱狂や陶酔によって大衆を巻き込み、彼ら／彼女らの自発性に支えられるという側面を、ファシズムや全体主義はもつ。そうした社会において人びとは、独裁者やその体制、それらの支配を支え、受け入れる自分たちの民族を、他の政治指導者や体制、民族とは異なる卓越性をもつものとして崇拝したり、それらに熱烈な愛と忠誠を捧げたりする。自分たちはそうした熱狂や陶酔の外側にいると考える人びとにとっては、〝ただの人〟であるはずの独裁者に対して人びとが捧げる忠誠や、そうした独裁者を戴く国家や民族に対する自己陶酔的な熱狂は、洗脳され、理性を失った人びとの滑稽な振る舞いや、自らを守るためにやむをえず周囲に過度に同調する保身的な振る舞いのようにも見えるだろう。だがしかし、そのように考える私たち、今現在はファシズムや全体主義とは無縁に暮らしていると考えている私たちは、本当にそうした熱狂や陶酔の外部にあると言えるのだろうか？

このように問うことで私は、現在私たちが生きている体制や社会もまたある種のファシズムや全体主義なのだと主張したいのではない。ファシズムや全体主義の定義によってはそのように言うことも可能であるのは事実だが、ここで考えたいのはそのことではない。ファシズムや全体主義と通じる非合理で魔術的な熱狂や陶酔が、人間の社会ではしばしばごく普通の現象として見出されること。そうした非合理な魔術性は現代の社会を特徴づけるものの一つでもありそうだということ。そしてまたそれらは、確かにしばしば「異常」や「逸脱」と見なされるような社会現象ではあるけれども、人間の歴史と社会の中で、さまざまな形をとって繰り返し見出されるものであるという点では〝普通の出来事〟であること。ここで考えたいのはそういうことだ。

オカルトと超常性

傍目にはどう考えても合理的とも、理性的とも考えられないけれど、大量の人びとを巻き込み、それらの人々に支えられることで生じる現象は、なにもファシズムや全体主義だけではない。私たちの日常を彩り続けるさまざまな流行現象、ポップ・スターやアイドル、ブランドやキャラクターへの熱狂、占いや超常現象、超能力などのオカルトに対する止むことのない関心などの中にも、現代の社会で人びとを魅惑する魔術的なものを見ることができる。

もっとも、これら多岐にわたる現象を同列で論じてよいのかという疑問もあるだろう。こうした現象に興味をもたない、よく言えば「流行やブームやメディアに流されない人」から見ると、これらはみな同じようにも見えるかもしれない。だが、たとえばポップ・スターやブランドには憧れるが、オカルトや占いを信じないという人にとっては、これらを一括りにするこうした語り方は乱暴なものに思われるかもしれない。「私の好きなスターやブランドをオカルトや占いと一緒にしないでよ！」というわけだ。

私も、なにもこれらがつねに、あらゆる点で同じだと言っているのではない。にもかかわらず、それらがなんらかの形で「超常的な力」によって人びとを惹きつけ、そうした力に対して多くの人びとが感性的・情緒的に魅惑され、ときに崇拝してしまったり帰依してしまったりすることがあるという点においては、こうしたさまざまな現象を同様のものとして考え、分析することができるのである。

オカルトや占いの超常性は理解しやすいだろう。オカルトや占いは、現代の科学では解明されていない不思議で神秘的な力や存在が自然界にはあると信じたり、そのような不思議や神秘を科学的な説明とは異なる「超科学」や「精神世界の言葉」などで説明できると考えたりするところに成立する。前の章で述べたように、科学に説明できないことがあるのは当たり前のことだ。オカルトや占いへの志向は、そうした「わからなさ」を甘受できない感性や感情に基盤をもって、少なくとも科学的には合理的ではないし、しばしば内的な論理の整合性や、世界や社会に対する他の説明や知識の体系とも整合的でない超越的な力——ようするに通常の物理的な力や社会的権力、影響力などを超えた「霊の力」や「摂理」や「呪い」といったもの——によって説明し、理解し、納得したいと人が考えるところに現われるのである。理解できないことに我慢できない人びと、わからないことを「不思議な力」

や「科学を超えた科学」でわかるようにしてほしい人びとの、理性にではなく感性や感情に、オカルトや占いは訴える（「科学を超えた科学」とは、科学的な立場から見れば「もっとすごい科学」などではなく「非科学」にすぎない）。

スター、アイドル、ブランド

他方、スターやアイドルは、少なくとも生物学的には他の人びとと同じ〝ただの人〟でありながら、特定の領域で〝ただの人〟を超える力をもつと見なされることで憧れられたり、他の人びととは違う〝特別な存在〟として崇拝されたりする人びとである。この場合の力は、スポーツのスター選手のような肉体的な力や能力の場合もあれば、並外れた美貌や性的魅力のこともある。優れた歌唱力や表現力、あるいは鋭い批評性のこともある。

「スター」と「アイドル」という言葉は、こうした人びとの超常的なあり方をよく示している。スターとは星、つまり天空という人間には手の届かない場所にあって、光り輝き続ける存在である。そしてアイドルとはそもそもは「偶像」を意味し、ユダヤ教やキリスト教、イスラム教では、神でないにもかかわらず神のように崇拝される一切のものを指す。たとえば古代キリスト教では、イエスや神の姿を描いたり彫ったりすることは禁止されていた。それは「神そのもの」ではない「神の像」が崇拝の対象となることが「偶像崇拝」にあたるからである。とすれば、アイドルとは神に匹敵すると思われるような特異な卓越性をもつ存在であるということだ。「スター」にしろ「アイドル」にしろ、それらは（少なくともファンにとっては）他の人びととは違う地平に立った存在なのだ。もちろん、現在の日本で「スター」や「アイドル」と呼ばれる人びとの中に、彼らを支持する大衆がつねにそうした卓越性を見ているとは言えないだろう。だがしかし、少なくとも「スター」や「アイドル」である以上、彼らは「普通の人びと」や「一般大衆」などの〝一般人〟とは異なる世界に住む人びとであるという意味で〝常ならぬ人〟、つまり超常的な存在なのである。

ブランドの場合はどうだろう。グッチでもプラダでもフェラガモでも、アルファロメオでもフェラーリでも（言うまでもないが自動車の場合）、タンノイでもソナスファーベルでも（これらはオーディオのブランドである）、ブランドが人びとを惹きつけるのは、それらが卓越した性能やセンス、デザインや思想性において他の商品群から差異づけられた個性をもつと見なされ、そのことによって「普通の商品」とは異なる水準に存在すると考えられているからである。「普通の品ではない卓越」がブランドをブランドたらしめ、それに対する人びとやマニアの憧れと欲望を掻き立てる。

単なる図像や形象にすぎないミッキーマウスやハローキティのような人気キャラクターは、ブランドとスターやアイドルの中間にあるものとして理解することができるだろう。キャラクターはぬいぐるみやフィギュア、アニメなどとして商品化されると同時に、文房具、小物、衣料品、食器等々にプリントされることでそれらの商品を〝キャラクター化〟する。それらは生身の身体をもたないがメディア上のスターやアイドルであり、それらの意匠がつけられることで「ただの文房具」や「ただの小物」が「キャラクター商品」として欲望の対象となる。ただの図像的意匠であるキャラクターには生身の人間のような能力はないが、彼らはファンを惹きつける強い魅力をもつという意味で卓越した力をもつスターでありアイドル——文字通りの〝偶像〟——なのだ。

こうした「卓越的で超常的なもの」が人びとを惹きつける魅力は、しばしば「カリスマ」や「カリスマ性」という言葉で表現される。ちなみに、私がはじめてこの「カリスマ」という言葉を心に留めたのは、確か中学生のころ、イギリスのロック・バンドのローリング・ストーンズとそのリード・ボーカルのミック・ジャガーについてのラジオのＤＪの語りだったと思う。私個人は、ストーンズやミックにカリスマを感じたことは当時もその後もほとんどないけれど――もちろんすごいバンドとアーティストだとは思っている――、この言葉を聞くとついつい黒い革ジャンを着たミックを思い浮かべてしまう。

今ではすっかり日本語化したこの言葉は、もともとは「神の恵み」という意味で、転じてそうした恩寵を感じさせる超人的な能力や指導力をもつ者の魅力を指すようになった。占いやオカルトの能力が実際にあるとすれば、それらはまぎれもなくカリスマ的資質だろうし、そういった能力の存在を信じる人びとには、占い師やオカルト的な思想を説く人物はカリスマ的な魅力をもつだろう。スターもブランドも人気キャラクターも、それを支持し、憧れる人には絶大なカリスマをもつものとして訴える。

この章のはじめに触れたファシズムや全体主義における独裁者も、彼らに熱狂し、陶酔し、崇拝する人びとにとってはまぎれもないカリスマとして存在する。独裁者は単に強権的な政治支配者なのではない。彼らは政治的であると同時に文化的、民族的なスターであり、アイドルとして人びとを惹きつけ、魅了する存在なのだ。ポップ・スターのステージ上からの呼びかけに呼応するファンの姿が、壇上で演説する独裁者に対する支持者たちの熱狂に似ているからといって何の不思議もない。そうしたカリスマがあればこそ、信じられないような強権の発動が、そのカリスマの下に正当化される。そしてまたそうした正当化が必要であるからこそ、独裁者たちは自らのカリスマ性を隙あらば演出し、人びとに訴えようとする。

独裁者だけではない。ファシズムや全体主義においては、自分たちの民族や国土、国家体制までが、他の民族や国土、国家に比べて抜きん出たカリスマ性を帯びたものとして理解（というより感受）される。「世界に冠たるドイツ」とか「神州日本」といった言葉は、こうした国家や国土、民族の中にカリスマ性を感じる心性を示している。

カリスマの魅力は合理的ではない。人はカリスマの力が「理にかなう」からそれに惹かれるのではない。その超常性に人は理性によってではなく、感性や感情で惹きつけられる。カリスマは普通の意味では理解することができないこと、理解できないがゆえに「すごいもの」と受けとられるもの、理解されるのではなく信じ、受け入れられるものだ。カリスマの力は通常の「理」を超えているからこそ「カリスマ的」なのである。カリスマについて鋭い考察を加えたマックス・ヴェーバーの言葉を借りるなら、「永遠に新たなるもの・非日常的なるもの・未曾有なるものと、これらのものによって情緒的に魅了されること」（『支配の社会学』）こそ、カリスマに対する人びとの帰依の源泉である。

誰が〝すごさ〟を生み出すのか？

　ここまでの議論を読んで、次のような疑問を感じている読者もいるかもしれない。確かにファンや支持者にとっては、スターやアイドルやブランドは「普通の人びと」や「普通の物」を超えた何かがあるのかもしれない。だがそうしたことに関心のない人びとにとっては、やはりそれらも「ただの人」や「ただのもの」、せいぜい「ちょっとカッコいい（かわいい、美しい、セクシーな、鋭い、……）人」や「ちょっと変わった物」にすぎず、わざわざ「超常的」などというものものしい言葉で言うほどのものではないのではないだろうか？　独裁者のカリスマだって、それを信じるように教育され、扇動され、ときに洗脳されたりした人びとが熱狂しているのであって、常識的に考えれば「ただの人」や「ちょっと変わった人」、場合によってはただの「変な人」が「すごい人」に見えているだけなのではないだろうか？　そんな疑問である。

　これはもっともな疑問である。実際、多くのスターやアイドルやブランドは、そんなに著しく「普通」と違っているわけではない。また、それが「普通」とどこか違っているからといって、それらを取り立てて他から卓越したものと考える必然性は必ずしもない。実際、どこが「すごい」のだかファン以外にはよくわからないスターやアイドルもいるだろう。もちろんトップ・アスリートや天才演奏家のように、誰が見ても他から抜きん出た能力をもつと見なされそうな人はいる。だがしかし、だからといってその人もまたそれ以外の点においてはやはり普通の人である。独裁者のような政治的カリスマだってそうだろう。

他方また、確かにすごい能力なのかもしれないが、それをもって「すごい人」とは普通言わないような能力もある。テレビなどでときどき大食い選手権をやっているが、そこで活躍する〝大食い界〟のスターやアイドルたちは、テレビが「大食い選手権」という場を作ったから誰もが（？）認める「すごい人」になったとはいえ、そうした場がなければ「ただの（ただならぬ？）大食い」にすぎず、スターにもアイドルにもならなかったことだろう。スポーツ選手でも演奏家でも、じつは同じことだ。そもそも狩猟採集の時代や、飛脚で手紙を運ぶ時代ならともかく、人間の走る速さの差異など現実的にはさほど意味をもたない現代において、走るのが速いだけで「すごい人」としてスターになれるのは、それが評価される「スポーツ」という場がこの社会の中に存在しているからである。テノールやソプラノの超絶的な高音も、超絶技巧のギタリストも、音楽という場やその特定のジャンルがあって「すごい」と認められているにすぎない。ようするに「すごい人」というのは、その「すごさ」の素材が各人の中に存在するのは事実だとしても、実際にそれらの人びとが「すごい人」になるのは、多くの人びとがそれをもって「すごい」と思う場や枠組みがあるからなのだ。

「お客様は神様です」

「ある人物や物がすごいから、多くの人びとがそれをすごいと思う」のではない。「特定の資質や性能などを〝すごいもの〟とする評価の枠組みがあり、その枠組みの中で多くの人びとがその人物や物をすごいと思うから、それらは〝すごい人〟や〝すごい物〟になる」のだ。簡単に言うと「みんながすごいと言うからすごい」のであって、「すごさ」という事実は、それらを「すごいと思うこと」の後からしか現われてこない。常識的に考えれば、これは倒錯した考え方である。普通に考えれば、まず「すごいもの」があって、それを見て人は「すごい！」と思うのだから。

だがしかし、この倒錯はここで述べているような流行やブーム、スターやアイドルや独裁者への熱狂においては本質的な倒錯である。カリスマ的な資質がなんらかの見地から見て客観的に評価できるかどうかは、カリスマという存在について考えるうえでは「まったくどうでもよいこと」だとヴェーバーは言う。重要なことはその人物や事物が本当にカリスマ的な資質をもっているかどうかではなく、それに帰依する人びとによってカリスマであると評価されているということなのだ、というのがヴェーバーの説明である。現代の社会学用語を使うなら、カリスマとはそれが見出される対象に本質として内在する事実なのではなく、それらの中にカリスマを見出す人びとの意識や行為を通じて遂行的《パフォーマティヴ》に生み出される、構築された社会的事実なのだ。

「お客様は神様です」という言葉を知っているだろうか？　かつて国民的な人気を誇った歌手三波春夫の名台詞として、ある世代より上の日本人ならまず知っているだろうこの言葉は、カリスマとその支持者たちの関係をうまく言い表わしている。三波春夫のファンにとって、彼はそれこそ「神」のようなオーラをはなつ別格の存在である。だがしかし、一人の歌手である彼を「神」のような高みに押し上げるのは、彼を熱烈に支持する「お客様」である。歌手としてのカリスマの源泉の一部は三波の歌い手としての資質の中にあったとしても、その中に「スター」としてのカリスマを見出し、三波を現実にスターとしたのは「お客様」なのである。とすれば、三波が神のようなスターである根拠は「神様」の側にではなく、彼の中に神を見る「お客様」の側にある。移り気な「お客様」の気分が変わり、「お客様」のご機嫌を気にするレコード会社や興行会社、メディアの戦略が変われば、「神様」はあっという間に「ただの人」や、それよりひどい「過去の人」になってしまうだろう。

ちなみに、いしかわじゅんのマンガ『約束の地』に三波春夫をパロディ化した人物が、文字通りの「神」、つまり救世主として出てくるのだが、その歌手のキメ台詞は「お客様は皆の衆です」である。カリスマをカリスマたらしめるのがじつは「皆の衆」、つまりはカリスマを崇拝する普通の人びととしての大衆であることを、このパロディは見事に示している。

"すごさ"が世界を作り出す

カリスマとそれに惹かれ、動員される人びとという構図は、取り立てて現代的というわけではない。部族社会の呪術師や英雄、古代の皇帝や神官、中世や近世の貴族や武人、芸能者など、どんな時代にもさまざまなカリスマがおり、それに魅せられる人びとの群れも存在した。モーセやイエス、ムハンマドやブッダといった宗教指導者たちのカリスマについては言うまでもない。政治家や芸術家、芸能人が「すごい人」としてもてはやされ、憧れの対象になる。勲章が贈られたり、人間国宝に指定されたりして、その「すごさ」が制度的に公認される。どんな社会でも、人はどこかで「すごいもの」の非合理な魅力に惹かれてしまう。その「すごさ」が人や事物に内在するのではなく、そこに「すごさ」を見る人びとの側にあるということは、そうした「すごさ」とそれに魅惑されることへの憧れや欲望が人間にはあるということだ。

なぜ人はすごさに惹かれ、それに魅惑されることに憧れるのか。このことについてのていねいな考察をするだけの余裕はここではないが、何本かの補助線を引いておくことにしよう。

「すごいもの」に会ったとき、人は「普通の人びと」の能力を超えたものが世界を統べているという感覚をもつ。理解することはできないけれど、確かに存在すると思われるそのような力を崇拝し、それに帰依するとき、人は自分ではわからない力の下に守られ、肯定されるような感覚をもつ。不安と不可知性に満ちた世界は、すごい人やすごい力によって秩序だったものになる。「何かわからないけれど、ありがたい」とか、「よくわからないけれど、この人についていけば大丈夫」とか、そうした「すごいけれどわからない」感覚によって、混沌とした世界は「わからないなりにどこかで秩序づけられた存在」や、「自分を超えた力が支配する世界」として受け入れられる。それを受け入れる人びとにとって、「すごいけれどわからない」以上、そこに本当に秩序があるかどうかなどわからないのだが、それを信じるかぎりはそこに秩序があることになる。そもそも人間には世界のすべてを明証的な根拠や論理にもとづいて理解することなどできないのだから、この「すごいもの」による理解は「不安な人」や「わからないことに耐えられない人」には絶大な力を発揮するのだ。

ポップ・スターやアイドルには、とてもそんな力はなさそうに見える。だがしかし、スターやアイドルは、彼らに熱狂するかぎり、彼らの魅力が支配する、小さいけれど無限の魅力に満ちた世界を現出させるのである。ブランドや流行も同様である。ブランド品は単なる物ではなく、固有のイメージや美意識によって消費する人びとの意識や生活に輪郭を与え、秩序づける力をもっている。そして流行は、「今何が旬か」ということによって、刻々と移ろいゆく商品の世界の現実をそのつど意味づけ、そこに序列を与えるのである。

スターやアイドルに熱中し、ブランドや流行を追いかけるとき、私たちはそのカリスマが意味づける世界の中に入り込み、自分自身にもそのカリスマが分有されているかのように感じてしまうことがある。このとき、私たちは独裁者や自分たちの民族に熱狂するあの人びとと、そう離れてはいない場所に立っているのだ。

第11章　鏡と欲望

「誰か」の欲望を模倣する

　前の章で見たようなカリスマやスターに強く惹きつけられている場合、人はしばしばそのカリスマやスターのようになることを欲望し、彼らが身につけたり、勧めたりするものを自らのものにすることで、自分自身もカリスマやスターに近づこうとする。このとき、カリスマやスターが身につけ、勧めるものに対する欲望は、彼／彼女自身の内発的なものというよりも、カリスマやスターの欲望や価値基準に従属し、カリスマやスターを模倣したものとしてある。さらに、カリスマやスターに対する彼／彼女の熱狂や欲望すら、もしかしたら友人の誰かや、気になるタレントや芸能人の誰かが、そのカリスマやスターを支持し、その人物に熱狂していたからかもしれないし、テレビや雑誌でその人物をカリスマやスターとして取り上げる記事などを読んで、自分もまた惹きつけられたのかもしれない。そうだとすると、そのカリスマやスターへの欲望すら、そもそもは彼／彼女自身のものではなく、誰か他の人間の欲望や、メディアの情報をなぞるところに成立しているということになるだろう。

　同じことは、特定のブランドやキャラクターに夢中になり、コレクターのように買い集め、それらに関する情報の収集も怠らないような場合にも見出される。その熱中の発火点は、もしかしたら友人の誰かや、ちょっと気になるタレントや芸能人の誰かが、そのブランドやキャラクターをお気に入りだと語っていたからかもしれない。あるいはまた、自分の友人や身の回りの誰かが、他のブランドやキャラクターを気に入っているから、それとは〝かぶる〟ことなく自分らしさを発揮するために、そのブランドやキャラクターを選んだのかもしれない。

人が何かに夢中になったり、熱狂したり、欲望したりする。夢中といい、熱狂といい、欲望といい、それらは普通、人の内側から沸き起こる内発的なものと考えられる。だが、右のように考えるなら、内発的なものと考えられる熱中や欲望も、そもそもは自分がいわば〝模範〟とする他者や、対抗する他者との関係で芽生えたものだということになってしまう。他者に対抗している場合ですら、「対抗する他者と同じように、けれどもその相手とは違うブランドやキャラクターをお気に入りにする」という意味では、やはり他者を模範とし、模倣しているのだ（これを「対抗的模倣」と言うことができるだろう）。子どもにとっては親が、しばしばそうした模倣や対抗の対象であり、その関係は成長してもしばしば継続する。モデルにするにしろ反発するにしろ、親が模倣や対抗（という名の模倣）の対象になっているのだ。

こうした場合、人は自分にとってなんらかの形で有意味な誰かの価値基準に従って、何かを欲望している。そのとき人の欲望は、ブランドやキャラクターなどの物や記号に向かっていると同時に、カリスマやスター、友人や親といった他者にも向かっている。「あの人がもっているあのブランドが欲しい」というとき、人は「あのブランド」をもつことで「あの人のようになりたい」と思う。もしも

「あの人」がもつ物が他のブランドであれば、その別のブランドを欲望するかもしれない。あるいはまた、「あの人とは違うブランド」をもつことで、「あの人」を凌駕しようとするかもしれない。このとき、欲望はまっすぐに特定の物に向かうのではなく、模倣や対抗の対象となる「誰か」を経由し、「誰か」に媒介されて特定の物を見出し、それに向かう。人は物を欲望すると同時に、その欲望を媒介する誰かを同一化の対象として欲望したり、あるいは同一化を望みつつ対抗的に乗り越えようとする対象として羨望したりしているのだ。

欲望の三角形

フランスの文芸批評家・哲学者のルネ・ジラールは、欲望が「欲望する主体」から「欲望される客体」へとまっすぐに向かうのではなく、模倣される第三者を「欲望の媒体」として主体から客体に向かうこうした関係を指して「三角形的欲望」と呼んでいる。三角形的欲望において、私は私の欲望の主体ではない。私の欲望は、他者やその欲望に従属しているからだ（図2）。

この欲望の三角形で、模倣の対象となる欲望の媒体は、キリスト教徒にとってのイエスや聖者のように、とうていそこに到達することなどできない彼方に存在する場合もあれば、隣人や友人のように張りあったり同調したりできる身近な存在の場合もある。さらに、そうした他者が具体的な「誰か」としては必ずしも名指せない場合もある。

たとえば日本では、戦後の高度経済成長期に「三種の神器」――電気冷蔵庫、電気洗濯機、白黒テレビ――、次いで「3C」――自家用車、クーラー、カラーテレビ――といった家庭電化製品や耐久

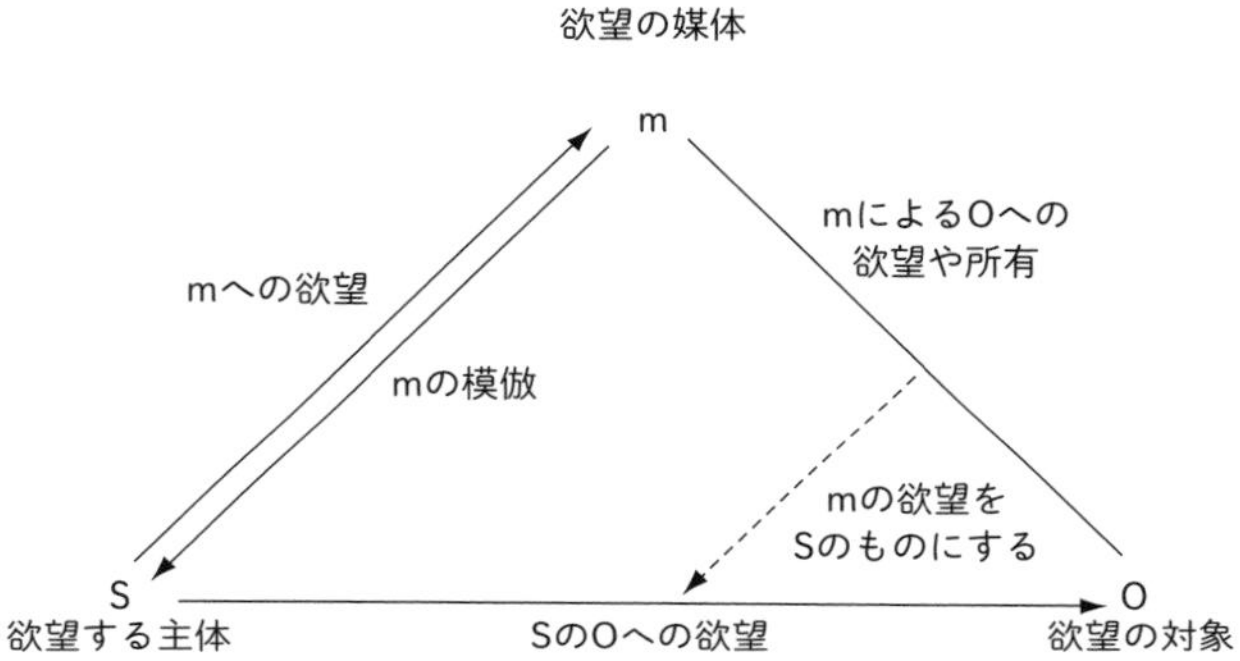

図2　欲望の三角形

消費財が、標準的な消費生活のモデルとなった時代があった。「標準的な消費生活のモデル」とは、それが消費生活の標準たるべきものとして社会的に共有されたモデルとなり、そうした標準に自らも到達すべく人びとが欲望し、その結果としてこれらの商品が事実として標準的な消費生活を構成する要素となっていったということである。ちなみに、このような標準化された消費のモデルをアメリカの社会学者のデイヴィッド・リースマンは「標準的パッケージ」と呼んでいる。

こうした場合の「標準」は、なにも「標準生活水準」といった形で政策的に策定されたのでもなければ、国民運動によってキャンペーンされたのでもない。それは、企業や商店の広告、商品の開発と普及をめぐるマスメディアの報道、実際にそれらを購入した隣近所や職場の同僚宅、学校の友人宅などと自分の家庭との比較を通じて、人びとの間に醸成されていったのだ。

もちろんそこに、なんらかの合理的な理由が見出せないというのではない。戦後高度経済成長期の「三種の神器」や「3C」への欲望には、家事負担の軽減とか、皇太子成婚やオリンピック、人類初の月着陸といった国家的及び世界的なイベントを家庭で見たいといった理由もあずかって大きかっただろう。だが、それと同時にまた「世間並み」や「世間より一歩進んだ」といった他者や社会の模倣やそれらへの対抗という側面がそこにはある。

このとき、模倣の対象となり、欲望を媒介していたのは、直接的には隣近所や同僚などの具体的な他者であったかもしれない。だが同時に、そうした具体的な他者たちは、「世間」や「みんな」という漠然とした人間のあつまりを代表する最も身近な対象としても見出されていたことだろう。またそこでは、広告やコマーシャル、報道などのメディアを通じてもたらされる情報やイメージも介在していたはずだ。この場合、欲望の媒体となっていたのは直接的にはメディア、つまりマスメディアだが、そうしたマスメディアもまた「世間」や「社会」一般を表象し、代表するものとして受け止められる。とすればそこで、本当に模倣の対象となり、欲望を媒介する第三者の位置にあったのは、メディアの向こう側に人びとが見出す「世間」や「社会」ということになろう。

この「世間」や「社会」は、自分以外の他者たちのあつまりやつながりとして具体的な対象性をもつと同時に、自分が見たり、接したりするさまざまな他者たちの向こうに、それらの他者たちを部分として含む集合体として見出され、あるいは想像されるものでもある。そして私たちは、そうした「世間」や「社会」を模倣し、その欲望を我がものとすることで、そうした「世間」や「社会」を生き、現実化するのである。このとき、欲望の三角形の頂点には「社会」がある。と同時にそこでは直接的な欲望の対象を媒介として、「社会」が欲望されているのだとも言えるだろう（図3）。

先にも触れたリースマンは『孤独な群衆』という本の中で、人間が社会の中でとる同調のパターン

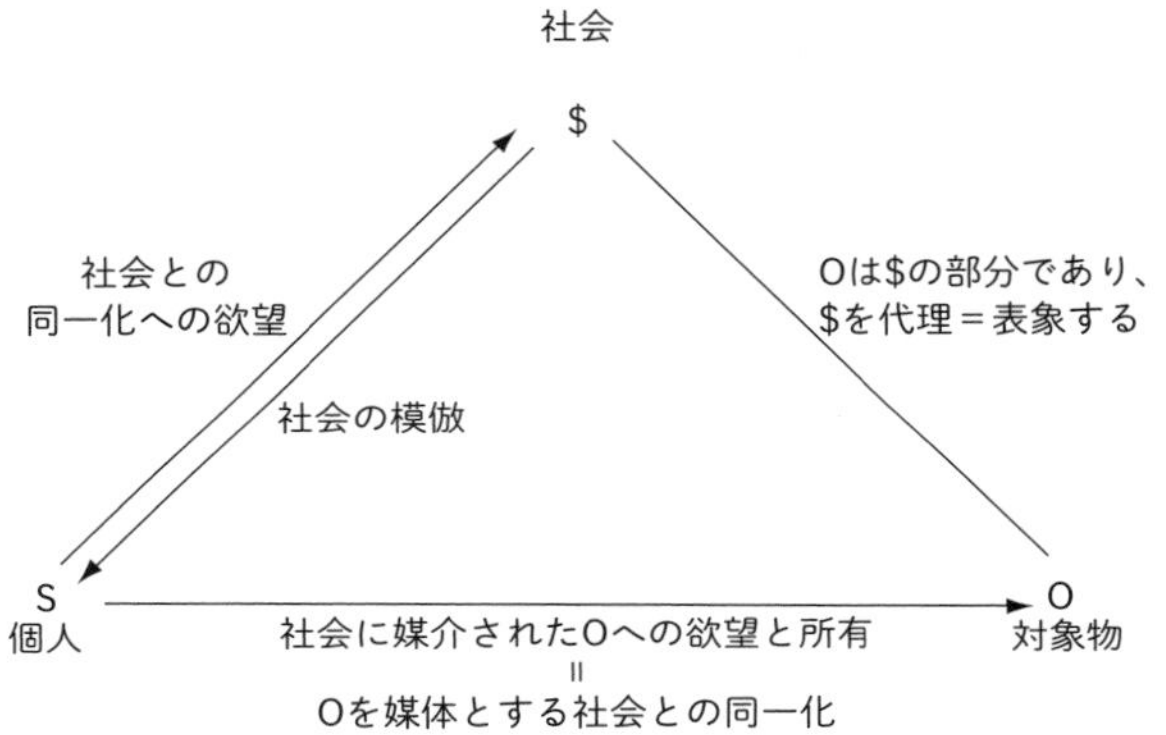

図3　欲望の媒体としての社会、欲望の対象としての社会

には、古くから行なわれてきた行動様式や考え方に同調する「伝統指向」、幼年期に内面化された親の価値観に同調する「内部指向」、周囲の他者やマスメディアに同調する「他者指向」の三つがあるとしているのだが、この「伝統」、「内部」、「他者」は、「社会」が私たちの前に現われてくる現われ方の三つのタイプとして理解することができる。ここでは個人を内側から律する「内部」――フロイトならば「超自我」と言うだろう――ですら、「内面化された親の価値観」という他者に由来する「社会」の一様相なのである。

人間は真似をする動物である

他者やメディア、世間や社会と自己の欲望とのこうした関係を記述したり、説明したりしようとするとき、ここで使っている「模倣」ではなく、「影響」という言葉を使うほうがむしろ普通かもしれない。「私たちの行為や欲望は、他者やメディアや社会の影響を受けている」というように。実際、社会学を学ぼうという学生の多くは、個人に対する社会の影響を考えること、つまり「個人」と「社会」を

「影響」という関係で結ぶことが、社会学的に考えることだと思っているふしがある。

「模倣」と「影響」の違いの一つは、「影響」の場合には、影響を受ける自己の主体性や自立性がある程度前提とされているのに対し、「模倣」の場合には一般にそのような主体性や自立性がほとんど放棄されているものとして理解されることが多いということだ。たとえばアーティストにとって、他のアーティストの影響を受けることは恥ずかしいことではないが（どんなアーティストも、なんらかの形で他のアーティストの影響下にある）、模倣することはあからさまな盗作・盗用ほどではないにしろ恥ずかしいこと、アーティストとしての自分を否定し、芸術や表現のモラルを踏みにじることだとされることが多い。

現代の社会では、個々の人間は他の人間とは異なる「個性」をもつとされ、また「個性的」であるべきだと考えられている。個々の人間は本来的に「個性」をもつ「個性的存在」であるというこうした見方に立てば、模倣とはまがい物で、あるべき人間のあり方からは外れたもののように思われてしまうのだ。

だがしかし、そもそも発育発達の初期段階において人間は、親をはじめとする周囲の人間の言葉や振る舞いを真似ることを通じて、生物学的なヒトから社会的、文化的な人間となる。「正しい言葉」や「正しい振る舞い」は、周囲の人間の言葉遣いや挙措を模倣し、我がものとするところにはじめて可能になるのだ。

ここで「正しい言葉」や「正しい振る舞い」とは、国語辞典や礼儀作法事典にあるような〝正確〟で〝模範的〟な言葉や振る舞いのことではない。ある状況において〝妥当〟で〝適当〟な、ようするに何を言っていて、何をやりたいのか他人にわかるという意味での妥当性と通用性をもつ言葉や振る舞いを意味している。たとえば、席を譲ってほしいときに「テメエ、どけよ！」と言ってすごむのは行儀作法という点では「正しくない」かもしれないが、言った当人の意図を示し、それが他者に了解され、他者を動かしうるという点では「正しい」とも言えるだろう。それに対して、席を譲ってほしいという同じ状況で「あなたは私のお母さんではないですか」と言って深々と頭を下げたりしたら、言葉遣いはていねいで礼儀正しいとしても、その言葉や振る舞いは「正しくない」（このような「正しくなさ」は「狂気」と呼ばれる。ただし、狂気の当事者にとってはしばしばそこにある種の論理がある。「狂気」の「正しくなさ」は、他の多くの人びとにその論理が共有されないことによっている）。

「社会の鏡」としての人間

生物としてのヒトが言語や振る舞いを習得して特定の社会や文化を生きる人間になる根源的な意味での模倣と、アイドルに憧れたり、ファッションを追いかけたりする際に他者をモデルとする模倣とでは、議論が照準するレベルが異なるのではないかという反論もあるかもしれない。にもかかわらず両者をここで並べてみたのは、社会的存在としての人間にとって、他者の振る舞いを模倣し、自らのものとすることが本質的なものであるからである。一九世紀末から二〇世紀はじめのフランスの社会学者ガブリエル・タルドは、「社会は模倣である」とまで言っていた。そもそも言語や振る舞いの型の習得も、親をはじめとする周囲の人間の期待に応えるという意味で、他者の欲望に従属している。他者を模倣し、他者の期待に応える振る舞いをしたとき、幼児はほめられ、さらにほめられることを期待して同様の振る舞いを繰り返す。それは、模倣する自己が肯定されることへの欲望であると同時に、模倣する自己を肯定してくれる他者への欲望であり、他者の欲望に応える自己の振る舞いへの欲望である。

この本質的、根源的な模倣としての「社会化」、つまり他の人びとと同じような社会的存在となることの土台とその延長線上に、そうした共通の言葉や振る舞いが実際に個々の人びとによって語られ、振る舞われる際の偏差やヴァリエーションとして、「個体性」や「個別性」、あるいは「個性」と呼ばれるものがある。そしてまた、そうした根源的な模倣の先に、欲望の媒体によって媒介された趣味や嗜好やスタイルの模倣と、それを我がものとしてゆく過程がある。

生物としてのヒトが社会的存在としての人間になり、社会を生きるとは、生物としてのヒトが他者を媒介とし、模倣して、社会を自らの中に引き入れるということだ。このとき人は、それが自らにとっての規範となり、規準となるという意味で社会を鑑《かがみ》とすると同時に、自らの姿をそこに重ね、同一化することを欲望するという意味でも社会を鏡とする。自己の意識や身体は、そのようにして他者や社会の欲望を引き入れ、我がものとしてゆくという意味で、社会が映し出される「社会の鏡」となる。社会を生きるとき、人は社会という鑑＝鏡の中で、自らもそこに社会が映し出される鏡になる。欲望と模倣とは、こうした鑑＝鏡の間の止むことのない光の反射なのだ。

従属する主体、模倣する主体

日本語で「主体的」と言えば、普通は人に従ったり、人を真似したりするのではなく、自分自身で独立して決定し、行動するということだ。だが、「主体」と訳される英語のsubjectやフランス語のsujetといった言葉には、同時にまた「従属した」とか「臣下」という意味もある。なぜなら「主体」には、与えられた役割やルール、期待や規範の下で、それを我が身に引き受けて遂行する存在という含意があるからだ。欲望する主体も、他者や他の存在を欲望するという関係を我がこととして引き受ける存在なのであって、その欲望の対象や方向は必ずしも自己の内側から発する必要はない。むしろ私たちの欲望は、モデルとしての他者や社会的イメージを追いかけ、それを内面に取り込み、模倣するところにしばしば現われる。

鏡を見るとき、私たちは確かに自らの意思で鏡を見る。だがそのとき私たちは、鏡の中に映った私の像に、そしてまた鏡の中にこれから現われるべき新たな装いの私の像に捉えられ、自らが望む私の像を鏡の中に映し出すべく躍起になる。このとき私は鏡に、そしてまた鏡の向こうに想像的に見出されるモデルにとらわれ、従属し、そのモデルを模倣することによって自らを主体化してゆくのだ。

【補説】社会と心

「心」の問題は、一般に心理学や精神医学の問題だというのが常識的な理解だろう。だがこの章で、そしてまたもっと前の章でも繰り返し考えてきたように、私たちの心はつねに社会の中にあり、私たちがそれによって考える言葉も、心の中で求める欲望の対象も、心の「主」のように考える主体も、つねに他者たちとの関係の中にあり、そうした関係の中で与えられるものだという意味で社会的なものだ。

たとえば、この章でも言及したようにデイヴィッド・リースマンは『孤独な群衆』の中で、伝統指向、内部指向、他者指向という三つの「社会的性格」を取り上げ、それぞれの社会的性格に特徴的な同調のパターン——自分の行為の意味づけや根拠をどこに求めるのかということ——から、社会のあり方を説明している。そこでは「心理的なもの」は個人と社会をつなぐ蝶番《ちょうつがい》のようなものとして捉えられているわけだ。精神分析や心理学の成果を、社会学はさまざまな形で組み込み、利用している。

また、ある社会で多くの人びとに共有されている価値観、理想、イメージなどは、社会的に形作られ、社会的な広がりをもつ意識という意味で「社会意識」と呼ばれている。社会的性格も社会意識も個々人の意識の中にあるものだが、同時にそれが社会的な広がりと形成過程をもつという意味で「社会的なもの」とされる。社会意識のあり方は、「ある社会の中で繰り返し反復され、個々人を超えた社会的拘束力をもつもの」という、「社会的事実」についてのデュルケムの定義にもあてはまる。マックス・ヴェーバーの言うエートス——ある社会で人びとの行為を内側から方向づける観念の束——も、社会意識の一つのあり方だ。

このように社会と心とは、じつは密接に結びついている。そもそも人間が言葉を使う生き物で、言葉によって考えられる意味とともに他者や世界に働きかけ、関係する存在である以上、心の働きなしには社会は存在しない（社会学説史を専攻する私の知人のある社会学者は、「社会学はほとんどすべて社会意識論である」と言っていた）。にもかかわらず、社会学者は「心理」による説明を、「それは社会的な要因を無視している」といってしばしば批判する。それは、私たちの社会で「心」が語られるとき、それが社会的な関係の中に根拠をもつことがしばしば無視されて、社会的な関係や状況から切り離して「心」だけを対象とし、操作することができるような物言いがなされることがよくあるからだ。現代社会のそうした「心理学化」もまた、社会学的な分析と考察の対象になることは言うまでもない。

第12章　欲望を欲望する

投機とバブル

前の章では、他者を自らの欲望の媒体＝鏡にしてそれを模倣することを見たけれども、それとは別の仕方で人が他人の欲望を〝我がもの〟にすることがある。投機と呼ばれる現象がそうだ。この言葉はもともと仏教で師弟の心機が一致することを指したようだが、現在普通にはそうした意味では使われない。市場での物の価格の上下の動向を見込んで――これを「思惑《おもわく》」と言う――、安いときに大量に仕入れ、高くなったときにそれを売って利益を得ることを目指して売買を行なうこと。それが現在普通言う投機だ。大量の人びとを巻き込んだ投機によって市場が〝過熱〟し、投機の対象となった物の価格が過剰に上がった状態は「バブル」と言われることがある。バブルとは、文字通り「泡」のことだ。投機ブームがバブルを呼ぶとき、投機の対象となった物の価格は常軌を逸した上がり方を示し、ブームが去ると一気に下落する。泡が膨らむように値が上がり、市場が拡大し、泡が弾けるように値が下がり――場合によっては無価値になり――、市場が収縮してしまうから「泡《バブル》」である。

一七世紀のヨーロッパでは、イスラム圏から輸入されて大衆化したチューリップの投機ブームとそれによるバブルがあった。新品種開発のブームの中で珍しい品種や、まだ開発されていない品種（！）の球根が先物取引――現物が生産される以前に取引されること――の対象となり、実在する球根の量より多くの数が取引され、価格高騰の結果、球根一個が一二エーカー（＝約四・八ヘクタール）の土地と交換されたりするというようなことも起こったという。かくして一六三四年から狂乱状態になった後、三七年には暴落して相場が崩壊した。それほどではないが、明治時代の日本でもウサギに対する投機のブームがあったことが知られている。ちなみに、実在の量よりも多くの取引ができるのは、取引されるのが実物ではなく、それに対する権利だからである。

チューリップもウサギも、それらが趣味として愛好されているかぎりでは「流行」はしても投機の対象になることはない。だが「自分がチューリップやウサギが好きだから」という理由でなく、「多くの人がチューリップやウサギを欲しがって値上がり確実だから」という理由で欲望されるとき、それは投機化し、バブル化することがある。

現代の日本で「バブル」と言えば、多くの人が思い浮かべるのは、株や土地の取引の投機化によって不動産市場や株式市場が過熱拡大し、その結果、企業や一部の個人の資産価値が膨張して――もっている株や土地の量が同じでも、多くの人がそれを欲しがれば「資産」としてのその価値は大きくなる――、まるで日本中が「金持ち」になったような気分が広がり、消費文化が花開いた一九八〇年代後半のいわゆる「バブル経済」や、情報技術の進展が新たな市場を開拓するという見込みの下にコンピュータ、インターネット系の情報産業の株が投機対象となった「ＩＴバブル」だろう。いずれの場合でもそこでは、住んだり工場や店舗を建てて使用したりするための土地や、企業に投資し配当を受けるための株が求められたのではない。それが市場で価値をもち、その価値の上昇による利益が見込めるから土地や株が求められたのだ。そして、将来の価格の上昇による利益が見込めるのは、それらが将来において、より多くの人が求めるものになると考えられるからだ。

では、なぜ将来においてより多くの人が株や土地、チューリップやウサギを求めるようになると見込まれるのか。将来において企業への投資意欲や土地の有用性が高まったり、チューリップやウサギの愛好者が増えたりするという見込みがあるからだろうか？　むろん、そのように考える投機家もいるだろうし、少なくとも投機ブームの初期においては、そうした読みはあるだろう。だがしかし、それがいったんブームとなり、バブルとなるとき、将来における価格上昇の見込みの根拠は、他の人びとも投機的な目的のためにそれを欲望するからというものになる。もともとはその「物」に対する人びとの需要の増加を見込んで投機したものが、やがて多くの人の投機の対象となり続けるという見込みの下に、さらなる投機の対象となる。このとき物の売り買いは、その物自体の有用性やそれに対する人びとの愛好心から離陸《テイク・オフ》してしまう。

投機やバブルの中で人が欲望しているのは、株や土地、チューリップやウサギそれ自体ではない。そこで欲望されているのは、「株や土地やチューリップやウサギに対する人びとの欲望」であり、「株や土地やチューリップに対する人びとの欲望を利用して利益を得ようとする人びとの欲望がもたらす利益」なのだ。

他者の欲望を欲望する

投機においては、他者の欲望が模倣されているのではなく、他者の欲望が欲望されている。確かにバブル化した投機ブームの場合、多くの人がブームに乗り遅れまいとして投機に走るのは、すでに投機している他者を模倣するからではあるのだが、その発端においては投機は他者の欲望の模倣ではなく、他者の欲望の対象をあらかじめ所有し、その値が上がった時点で、その対象に対する他者の欲望の対価として利益を得ることを目指している。あらかじめ将来において売り払うこと、お金にすることを目指して、他者の欲望の対象（になるだろうもの）を我がものとすること。それが投機である。このとき、投機者は株や土地やチューリップやウサギを所有することによって、将来における他者の欲望の対象を所有するのだが、自らが株や土地やチューリップやウサギそれ自体を欲望する主体になるのではない。

投機やバブルにおける「欲望への欲望」も、欲望される当の対象——株や土地やチューリップやウサギ——が他の人びとの欲望の対象であるがゆえに欲望されるという点では、前の章で見た欲望の媒体を経由したスターやカリスマやブランドやキャラクターへの欲望と同じである。だがしかし、スターやカリスマやブランドやキャラクターへの熱狂では、たとえそれが他者の欲望を模倣し、したがってそもそもはスターやカリスマやブランドやキャラクターそれ自体が欲望されているのではなく、それを欲望する他者が欲望されているのだとしても、人はその欲望を内面化して、自らの欲望としてしまう。私がキティちゃんを好きなのは、そもそも私の友人がキティちゃんを好きだったからで、キティちゃんを好きになることで私はその友人を模倣し、欲望しているのかもしれない。しかしそのとき、私がキティちゃんを好きだという気持ちが「嘘」になるわけではない。

「欲望の模倣」は、その欲望を模倣する他者への欲望や、その結果生じる物それ自体に対する欲望とともにある。それに対して「欲望への欲望」では、他者も、物それ自体も積極的に欲望されているわけではない。そこでは他者は、物に対する他者たちの欲望がその物に将来より大きな価値を与える、いわば「媒介項」として存在する。株や土地やチューリップやウサギを投機的に欲望するとき、人は他の人と同じく、他の人びとが欲望する物を欲望しているのだが、それは他者の欲望を内面化して我がものとするのではなく、他者の欲望を媒介として生み出される物の将来における値上がり分を欲望しているのだ。だからそこでは人も物も、価値の媒介項や乗り物にすぎず、それ自体が積極的な欲望の対象とはならない。バブルというとどこか熱狂した雰囲気がある。確かにそこでは価値の値上がりに対する熱狂があるのだが、そこには物に対する愛着や欲望はないのだ。

使用価値と交換価値

「価値」や「価格」という言葉を使ってきたが、商品としての物には二重の価値がある。一つは、物の使用がもたらす有用性としての価値である「使用価値」。もう一つは、物が市場で貨幣や他の財と交換されるときの価格や交換比率である「交換価値」。

おいしいとか栄養があるとかいう食品の属性、美しいとか見栄えがするといったアクセサリーの属性などが、それらが商品になったときの商品の使用価値だ。物にそのような使用価値があり、それを使用する（食べたり、身につけたりする）ことによって自身の欲求や欲望を満たすことができると考えるがゆえに、人はその商品を欲望する。だが、市場で商品を手に入れるには、それに対する代価を払わなくてはならない。代価とは文字通り「代わりの価値」のことだ。手に入れたいその物と交換に、その物の代わりになると同時に、その物と同じ価値をもつ物を、買い手は売り手に渡さなくてはならない。貨幣、つまりお金によって払う場合であれ、他の物で支払う場合であれ、買われる物とまったく違う物——同じ物をもっていたら、そもそも交換する必要はない——を、その代価として相手に渡すことによって、市場での交換、つまり購入は成立する。

このとき、手に入れたい物とはまったく違う物が、手に入れたい物と同じ「価値」をもつことになる。その「価値」が交換価値だ。たとえば私の食べたいケーキが五〇〇円であるとき、ケーキと五〇〇円硬貨とはまったく違う物なのに、私にとってケーキは五〇〇円の価値があり、ケーキ屋にとって五〇〇円はケーキを私に売るに値する価値をもつ。それが交換価値だ。

投機は、物の交換価値が将来において値上がりする見込みのもとに、その物をあらかじめ買うということだ。だからそこでは物の有用性はその物を自分で利用すること、土地で言えばそこに住んだり、耕して農地にしたりすること、株であれば出資額に見あった配当を得ることではなく、それが市場において将来より高い交換価値をつけられるであろうことの中に見出されていることになる。「交換価値が上昇すること」が、投機における物の使用価値——というか有用性——なのだ、と言ってもいい。そしてそのような投機が大量の人びとを巻き込んで累積化した結果、人びとの思惑通りに市場における価格がどんどん昂進してゆくことがバブル現象なのだ。

お金の価値とは何か

右に述べたように、商品としての物の交換価値は価格で、お金を単位として表示される。それが代価の支払いに使えるのだからもちろん価値がある。だが、お金の価値とは何なのだろう。お金には、

昔、お金が金《きん》の引換券だった時代がある。日本銀行のような中央銀行に「本当のお金」としての金があって、紙のお金、つまり銀行券はそれと同等の価値をもつ引換証だったのだ。そのような金の引換券としての銀行券を「兌換紙幣《だかんしへい》」という。兌換紙幣の場合、お金の価値はそれと引き換え可能な「本当のお金」としての金によって与えられている。兌換紙幣は金という「本当のお金」の代わりなのだ。金は重いし、磨耗するし、削って目方を減らしたり不正に改鋳したりすることができるから、より軽くて再発行も可能な紙幣をその代わりに使うというわけだ。

だが、今あなたの財布の中にあるお金を日本銀行にもっていっても、それと同額の金とは交換してもらえない。現在の紙幣は「不換紙幣《ふかんしへい》」だからだ（金市場で商品としての金を買うことはもちろんできる）。では「本当のお金」と交換できない、言ってみればただの紙であるお金は、なぜ価値があるのだろうか？　それは、誰にとってもそれが、一万円なら一万円の額面に相当する他の商品と交換可能だと見なされているからだ。しかもそれは、他の商品と違って一万円以下には値下がりせず、いくら使って汚れ、擦り切れても流通している限りは一万円として受けとられ、支払われ続ける。つまり一万円の紙幣に一万円の価値があるのは、それが未来においても他者から一万円の価値があるものとして受けとられるから、ようするにみんながそれに一万円の価値があると認め続けるだろうという見通

しがあるからだ。

逆に言うと、明日から誰もそれを受けとってくれないとしたら、そのお金の価値はたちまちゼロになる。たとえば、一ヶ月後には日本がアメリカの一部となり、円がドルに切り替えられて、その前日の日没までに手持ちの円をすべてドルに交換しないと、翌日からはもう円と他の貨幣の交換が打ち切られるとしよう（実際にはそんな急な切り替えはないけれど……）。そうすると、もうそれから少し前には、円で買い物をしようとしても断られるか、かなり高い値段を吹っかけられるだろうし、最後の日にはもう円での買い物はできなくなっているだろう。その日に円を受けとっても、ドルとの交換に間に合わなければその価値は、骨董品としての価値は別として、消えてしまうからだ。あなたの財布の中のお金の価値は、だから、それを他の人も同じ価値をもつものとして受けとってくれるだろうという見通しのもとに成立している。貨幣制度とは、その見通しを確固たる事実とする制度のことだ。

お金が欲しいのはなぜ？

他の人が受けとってくれるから価値がある。お金の価値のこのあり方は、投機やバブルに似てはいないだろうか。

もちろん、貨幣の場合、他の国の貨幣との取引による為替差益を狙う投機的な取引は別として、普通に買い物をしたり、給与として受けとったり――給与を受けとるとは、商品としての労働とお金を交換するということだ――するかぎりは、将来において「値上がり」することを見込んではいない。物価の下落は貨幣の価値が上がったということではあるが、普通は「物の値下がり」と考えて「お金の値上がり」とは考えない。銀行にお金を預けておくと利子がつくが、それは預けたお金の価値が上がるということではない。だがしかし、そこには「値上がりはしないが、将来においてもそれは同額の価値があるものとして他の人にも受けとられる」という思惑がある。そうであるからお金は支払いに使えるという「使用価値」をもち、それゆえに欲望の対象になる。少なくとも私は、お金を欲しいと思う（あなたは欲しくないですか?）。私がお金を欲しいのは、それでさまざまな物が買えるから、つまり他の人も商品と交換してそのお金を欲しいと思うからだ。お金への欲望は、それが他の人にとっても欲望の対象であるからであり、それが多くの人の欲望の対象であり続けることが当面保証されているからだ。

他の人も欲しがるだろうという「思惑」は、「予期」や「期待」という言葉で言い表わすこともできる。お金に価値があるのは、それが他の人にもお金として受けとられるだろうという予期や期待が成立しているからだ。そのことを「信頼」と呼んでもいいだろう。

だが、この信頼は誰に対する信頼なのだろう。直接的にはお金を受けとってくれる相手への信頼だ。しかし、お金を払うとき私は、私がそれで物を買う直接の相手を信頼しているわけではない。私の信頼は、特定の誰かへの信頼ではなく、「誰もがそれを受けとるだろう」という、今現在私のいるこの場所を超えた、より大きな空間的広がりの中にいる〝誰も〟への信頼だ。しかも、その〝誰も〟は、今現在生きている誰彼に限らない。私は貯金し、あるいは保険や年金に入り、場合によっては私の家族や子どもに遺産としてなにがしかのお金を残すかもしれない。それに意味があるのは、私が死んだ後の未来にも誰かがお金を受けとってくれるだろうと考えるからだ。お金の価値を支えているのは、だから特定の誰彼を超え、今・ここを超えた彼方と未来へと広がる不特定の他者たちへの信頼なのだ。しかもその信頼は私一人の信頼ではなく、私のいる今・ここの時空を超えた彼方と未来に存在する人びとの間に成立した相互主観的な信頼であり、予期であり、期待である。そうだとすると私たちは、お金を手にするとき時空を超えた他者たちの欲望を手にしていることになる。今、私の手にあるお金がお金として使用可能なのは、それが今・ここを超えて他者の欲望の対象となるからなのだ。

市場社会

お金を使って物をやりとりする社会の仕組みは「市場《しじょう》」と呼ばれる。「いちば」と読むと、物が売り買いされる特定の場所——とはいえそれも、たとえば中央卸売市場《ちゅうおうおろしうりしじょう》のように「しじょう」と呼ばれることもあるが——を指すが、「市場《しじょう》」はそうした特定の場所のことではなく、物の売り買いによって形成され、結びつく関係のシステムを意味する言葉だ。現代の社会では、市場は卸売市場や青果市場のような特定の場所を超えて、社会の隅々にまで広がっていて、私たちはその「市場社会」の中を生きている。

市場社会は、人びとがお金によって、今・ここを超える時間的・空間的な広がりの中にいる不特定の他者たちの欲望を分かちもつ社会だ。お金には、時間と空間の隔たりを超えた社会的なつながりが、欲望とその対象となる価値という形で——ただし具体的な形をもたない抽象的な量という形で——集約されているのだ。

【補説】市場と社会科学

社会科学で市場を対象とするものとして第一に思い浮かぶのは経済学だろう。需要曲線と供給曲線が交わる点で価格が決まるという理論は、高校の政経の教科書にも載っていることだろう。この章でも見たように、現代の社会では経済——財や富の生産、流通、消費にかかわる活動——はもっぱら市場を通じて行なわれ、市場のメカニズムによって一定のバランスや秩序を維持している。そうした市場を仲立ちとする経済的なバランスや秩序の形成、維持、それに対する操作的な介入——中央銀行の金利政策や政府の財政、経済法制などによる——に関する学問が、現在普通に言う経済学である。

私が大学に入ったころには、大学で学ぶ経済学には大きく分けて二つの種類があった。「近代経済学」と「マルクス経済学」、略して「近経」と「マル経」である。簡単に言うと、現代の経済秩序を支えている市場や政府の存在を前提として、そこでの経済活動とその結果を、自己の利益の極大化をめざす人間の合理的な行動という点からモデル化し、理論化して説明しようというのが近代経済学。そうした現代社会における市場や資本、国家に対するカール・マルクスの批判を理論的な出発点として、市場における価値や貨幣の成り立ちから始まり、市場における価値増殖のカラクリから資本主義という体制の総体的な理解とその矛盾の克服までを目指すのがマルクス経済学。この二つの経済学が、互いにどちらが「真の経済学」であるかを競っていた。

マルクスは経済学を研究しただけでなく革命理論家でもあり、二〇世紀の社会主義革命も資本主義諸国内の社会主義政党も、いずれもなんらかの形でマルクスの理論と思想にかかわっていたから、ソ連・東欧体制の崩壊までは近経とマル経の対立は、政治的、イデオロギー的な対立と密接にかかわっていた。けれどもソ連・東欧体制の崩壊後、社会主義とともにマル経やマルクスの思想も「時代遅れ」であるかのような雰囲気が広がっていった。大学の経済学の授業も、一部の大学を除けばほとんどが近代経済学で占められている。

だがしかし、だからといって〝近経の勝ち〟、〝資本主義が正しい〟というので一丁上がりということにはならない。マルクスの貨幣論、価値論や、その影響下から出発したカール・ポランニーの経済人類学における市場経済の相対化など、市場を経済の本来的なあり方とするのではなく、さまざまにありうる経済の形の中の特定の形として捉える視点は、市場が万能であるかのように語られることも多い現代においてこそむしろ重要だ。

そもそも市場における「神の見えざる手」を指摘して近代的な経済学の「開祖」のように言われることのあるアダム・スミスも道徳哲学者で、人間が他者に共感する能力という市場外的な要素を、利潤動機とともに重視していたのである。

第13章

つながり、あつまり、ちらばり

「手切れ金」としての支払い

お金によるつながり、つまり市場社会での時間と空間を超えた他者の欲望と価値の分かちあいが可能にする「つながり」は、「つながり」という言葉から普通イメージされる関係とはそのあり方が違っているかもしれない。

「つながり」という言葉は日常的な場面では、特定の相手との具体的な関係を指すことが多い。「血のつながり」とか「近所のつながり」とか「仲間のつながり」とか「御得意様とのつながり」とかいうように、具体的な誰彼とある程度継続する関係を結んでいるとき、そこに「つながり」があるというのが普通だろう。

それに対してお金を通じての「つながり」では、確かに売り買いが行なわれるそのつど、売り手と買い手の間に「つながり」ができる。だがその「つながり」は通常はそのときだけのことで、売り買いが終われば両者の間に普通の意味での「つながり」はなくなる。たまたまある店やある人から何かを買ったからといって、その店や人との間に「つながり」があるとは普通言わないだろう。繰り返し売り買いが行なわれる場合には、そのお客は「御得意様」として具体的なつながりの相手になるけれど、他の買い手と区別する「御得意様」という言葉があること自体、普通は売り手と買い手の間には継続的な「つながり」がないことを示しているのである。

逆に言うと、お金を払うということは、売り手と買い手の間に売買以上の関係を生み出さないという手続きなのだ。特定の相手とそれ以上もう関係をもたないために払われるお金を「手切れ金」と言うけれど、お金による支払いはこの意味でいつも手切れ金としての意味をもつ。「金の切れ目が縁の切れ目」という言葉もあるが、通常はお金がその支払いによって関係を〝切る〟のだ。ちなみに、「金の切れ目が……」という言葉で言われる「金の切れ目」は、御得意様関係や〝たかり〟の関係のような恒常的に金のやりとりがある関係が終わるということで、そのつど一回かぎりの支払いのことではない。

つながりとしてのちらばり

けれどもまたお金をもつということは、他者の欲望の対象となりうる価値をもつことで、他者と価値のやりとりをする可能性をもつということでもある。お金をもっているだけでは誰ともつながっていないけれど、お金をもつことで私たちは、今・ここを超えて他者と関係し、他者の手によって作られたり、他者がもっていたりする物や、他者によるサービスを手に入れる可能性、それによって他者や他者の手にある財とかかわりをもつ可能性を手に入れる。だからお金を仲立ちとする市場における「つながり」は、より正確に言うと「つながりの可能性」、あるいは「つながりの可能性を互いにもちあうというつながり」である。お金は、誰の欲望の対象も手に入れうる価値であるがゆえに、お金をもった人は、誰とでもつながることができる可能性をもつ。だが、可能性でつながっている人びとの間には、まだ具体的なつながりはない。だから、特定の相手との具体的な「つながり」だけを「本当のつながり」であるとする人からみると、それはただの「ちらばり」にすぎないとも言える。

たとえば私たちは多くの他者と恋愛する潜在的な可能性をもつ。だが、恋愛する可能性がある──この場合の「ある」とは「可能性がゼロとは言い切れない」という程度の可能性である──からといって、それらの人びととの間に「つながり」があるとは普通は考えない。そこにはただ、「つながりのないばらばらの人びと」がいるだけだ。とするとお金は、ばらばらであるけれど、潜在的なつながりの可能性をもつ人びとのつながりとしての社会＝市場を作り出すのだ。こうした「ばらばらであるけれども関係をもちうる可能性をもつという関係」を「つながりとしてのちらばり」、あるいは「つながり＝ちらばり」と呼ぶことにしよう。お金を媒介にした市場における関係は、「つながり＝ちらばり」の典型である。

「つながり」の三つの形

この本ではここまでずっと「つながり」としての社会について考えてきたが、お金によるつながりの例からもわかるように、「つながり」の具体的なあり方は一様ではない。

「つながり」の一方の極には、「集団」と呼ぶこともできる、継続的で恒常的な、特定のメンバーからなる人びとの「つながり＝あつまり」、あるいは「つながりとしてのあつまり」がある。家族、親族、氏族、部族、学級、会社、政党、組合、クラブ、サークル、組織といったものはみな、そうした「つながり＝あつまり」なのだと、とりあえずは言うことができる（なぜ「とりあえず」であるのかは、次の章で説明しよう）。

「つながり」のもう一方の極には、市場における「関係をもちうる可能性を共有する関係」のような「つながり＝ちらばり」がある。「インターネットによる世界とのつながり」などという場合にも、そこにあるのは「つながりうる可能性の共有」という「ちらばり」だ。テレビの視聴者、新聞の読者など、マスメディアによる情報の共有によってつながる人びとも「つながりとしてのちらばり」である。

そして「あつまり」と「ちらばり」の間には、狭い意味での「つながり」と言ってもいい、個人や集団のゆるやかな関係のネットワークがある。「あつまり」、つまり集団のような凝集性はもたず、より分散的だが、「ちらばり」のようにそのつどの結びつきで切れてしまうのではなく、一定の恒常性や継続性をもっているそうしたつながりのあり方を、「つながりとしてのネットワーク」、あるいは「つながり＝ネットワーク」と呼ぶことにしよう。人脈や交友関係が、こうした「つながり＝ネットワーク」の例だ。また、消費者運動や環境運動などでしばしば見られるような、同じ課題に取り組む組織や個人のゆるやかな連合体もネットワークである。「あつまり」と「ちらばり」、そして「ネットワーク」という三つの「つながり」のあり方を図としてモデル化すると、次のようになる（図4）。

人間の社会の歴史を遡ると、その基本的なあり方は動物の群れのように、日常的に生活をともにし、血縁的にもある程度閉じた集団、つまり「あつまり」であっただろう。もちろん、猿の集団に見られるように――生物学的には人間の社会も猿（＝ヒトという猿）の集団である――、血縁的にはある程

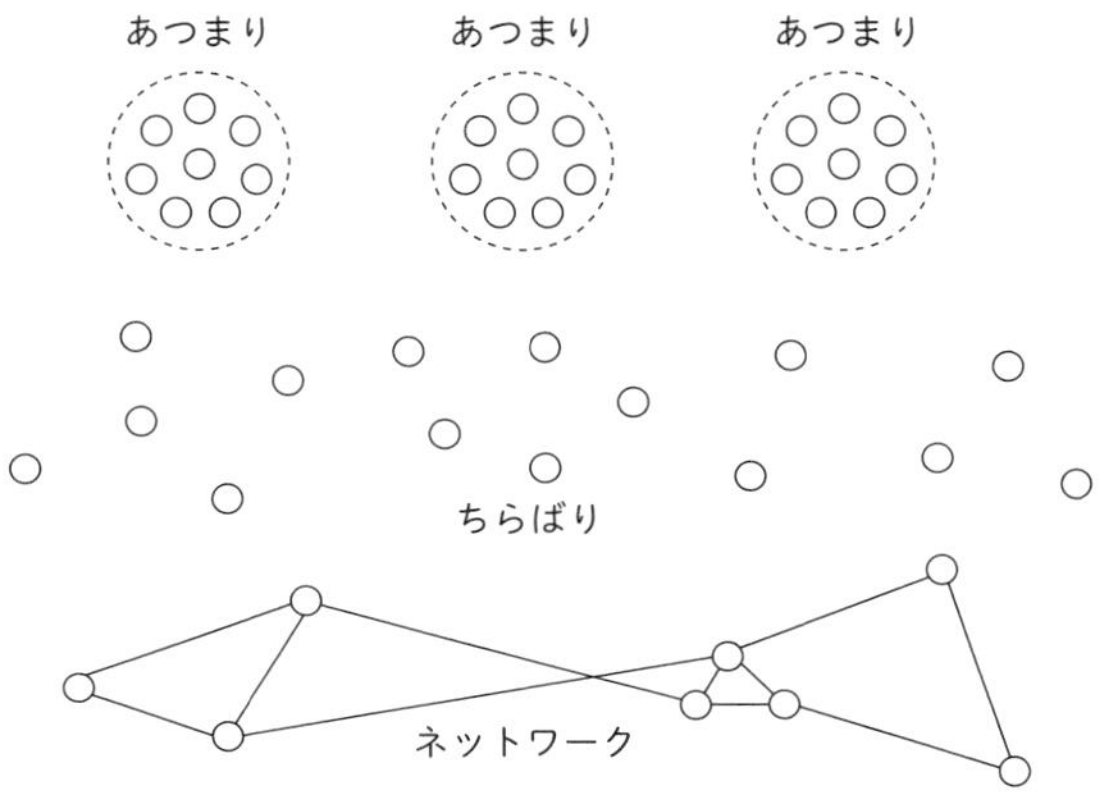

図4　あつまり、ちらばり、ネットワーク

度閉じつつも、外部からやってくる他の個体——猿の場合は単独生活をしてきたオスが多いようだ——を受け入れる開放性をもっていたと考えられる。つまりそこでは日常的に生活をともにする群れというあつまり——人類学ではこうした集団を「バンド」と呼ぶ——の外側に、交流可能だが通常は交際をもたない他の人びとの「あつまり」や単独の個体がいるというあり方をしていたと考えられる。このとき、潜在的にはつながりをもちうるちらばりの最大圏はヒトという種である、と言うことができるだろう。

もっとも、アフリカで誕生したヒトという種が生息範囲を広げていった後、たとえばアフリカの南部に暮らすヒトの集団と、ヨーロッパやアジアに暮らす集団、南北アメリカ大陸に暮らす集団が実際につながりをもちうる可能性は、かなり長い間ほとんどゼロに近かったので、ヒトという種が現実に「つながり＝ちらばり」の最大圏であったわけではない。実際には、自分たちが暮らす地域や地方に分散する集団や個人のちらばりが、「つながりの可能性を互いにもつちらばり」の現実的な広がりだったろう。

とはいえ、石器の原材料となる黒曜石などの産地とそれを使って作られた石器の分布を見ると、石器時代から「交易」という「つながり=ちらばり」の範囲はかなり広かったことがわかる。この場合、交易に携わる人びとは「あつまり」としての人びとの間を行き来する「異人」のような存在だったことだろう。そしてこの「異人」たちを通じて、ちらばったあつまりの間にネットワーク的なつながりが形作られていったかもしれない。

ところで、トラやクマのように通常は単独で生活する動物の場合は、「ちらばり」として暮らすのが常態である。だがしかしこのちらばりもまた完全にばらばらなのではなく、互いに相手の縄張りを侵さない——侵された場合は戦って縄張りをそのつど確定する——という原理と、繁殖期や子どもの養育期には単独ではなくペアや親子や兄弟姉妹で一時的なあつまりを作るという原理をもった、つながりとしてのちらばりである（ここで「規則」ではなく「原理」という言葉を使ったのは、文化や社会の領域に属する「規則」と本能的なプログラムによる行動原理とを区別するためだ）。この意味で、普通は「社会を作らない」とされる単独生活する動物にも、つながりとしてのちらばりはある。

あつまりのあつまり、あつまりの外側

長い間、人間の歴史の中で多くの人に最も身近な社会のあり方は、家族や氏族や集落や同業団体のような「あつまり」だったことだろう。こうした最も身近な「あつまり」を社会学者は「帰属集団」と呼ぶことがある。そこには、人間は通常なにがしかの集団——つながりとしてのあつまり——に属し、そのことがその人間のアイデンティティ、つまりその人が誰であるかを基本的に定義するという

想定がある。その人単独で権利や尊厳をもつ「個人」を基本的な単位として社会はできているという近代社会の原則の一方で、実際にはそうした個人は家族や学校、職場、友だち集団や仲間集団などなにがしかの、ときには複数の集団、つまりあつまりに帰属しているというのが、現代でもごく普通の考え方だろう。

私たちが「近代社会（modern society）」と呼ぶ、一九世紀のヨーロッパで原型的な完成をとげ、その後さまざまに変異しつつ地球全体に広がっていった社会の登場以前には、国家のような大規模な社会も、そうした「あつまり」がさらにあつまったあり方をしているのが普通だった。たとえば徳川期の日本では、農民は村、町人は商家や共同体としての町や同業団体、武士は諸藩の家中という「あつまり」に属し、それらのあつまりのあつまりが「天下」という社会の全体を構成していた。近代以前の東南アジアでは、農耕共同体や部族がそのときどきに勢力をもつ権力者の下に銀河系の星々のようにあつまり、離合集散を繰り返す「銀河系的政体」と呼ばれる政治体制が普通だったが、そこでも王国は、王権の下に離合集散する農耕共同体や部族という「あつまり」のあつまりとして存在していた。またヨーロッパでも、近代以前の国家は地域共同体や職業団体などの「あつまり」のあつまりというあり方をしていて、それは「社団国家」と呼ばれたりする。その一方で、ヨーロッパの王族が血縁関係で結ばれていたように、王朝という支配体制は血と婚姻を仲立ちとするつながりとしてのネットワークを基軸としていた。

近代以降の社会でもそうした社会の様相がなくなったわけではないが、そこではつながりとしてのちらばりが、私たちが「社会」と呼ぶ広がりの前面にせり出してくる。現代日本語の「社会」という言葉は、英語の society やドイツ語の Gesellschaft の訳語として明治時代以降に定着していった言葉である。society や Gesellschaft という言葉はそもそも団体や会社、協会といった「あつまり」としての社会を指す言葉だったのが、一八世紀から一九世紀にかけて、従来の「あつまり」の外側での人びとの「つながりとしてのちらばり」の領域をも指すようになり、そうした領域を意味するのが普通になっていったのである（↓【補説】）。

大衆、公衆、群集

「大衆」や「大衆社会」という言葉は、現代の社会のそうした「ちらばり」としての様相を指すときにしばしば使われる言葉である。

「大衆」――英語では mass、マスメディアやマスコミの「マス」である――という言葉は「大衆食堂」や「大衆酒場」など、日常的にもしばしば使われる言葉だが、社会学では特定の集団、階層、階級を超えた、組織されていないけれど、たとえば政治的な扇動やマスメディアが流すメッセージなどに呼応して、いっせいに同一の行動や反応を示すことのある大量の人びとを指すことが多い。異質な属性をもつ不特定多数の人びとのちらばりであるにもかかわらず、選挙や流行などではまるで「あつまり」であるかのように同様の振る舞いをする人びと、ちらばりでありながら社会的な状況を共有し、それによって意識や価値観をゆるやかに共有して、ときに同一の行動をとる人びとのあり方を指して、「大衆」という言葉は使われる。それは普通言う意味でのつながりを欠いた大量の人間のちらばりだが、状況や意識や価値観の共有によって、具体的なつながりをもたなくとも、ともにある人びとであると言うことができる。

大衆に似ているけれど、少し違うニュアンスで使われる言葉に「公衆」がある。「公衆」という言葉も「公衆電話」や「公衆便所」などの形で日常語でも使われるが、社会学、とりわけマスコミュニケーションの研究では、新聞やラジオ、テレビのようなマスメディアを仲立ちとして社会について知り、それについて考え、世論を形成していく人びとを指す。公衆を意味する英語はpublicだが、これは公共という意味もあり、public opinionと言えば世論のことだ。大衆に比べると公衆は、メディアやそこに表明された他者の言葉や思考を受けとり、それについて考え、ときに自らも言葉を発し、世論の形成に参加するという点で、大衆よりももっと強いつながりへの指向をもち、それをメディアに媒介されて実行する人びとというニュアンスがある。こうした公衆の相互的なコミュニケーションの場は「公共圏」と呼ばれることがある。それは、メディアによる言論によって結びつき、互いに意見を交換する可能性をもつ人びとのつながり＝ちらばりの圏域である。

もう一つ似た言葉に「群集（crowd）」がある。大衆や公衆がマスメディアに仲立ちされて広い領域にちらばっているのに対し、群集は駅や電車の中、広場や街頭などの特定の場所にたまたまあつまった人びとの群れを指すことが多い。この群れは「つながり＝あつまり」ではない。それらの人びとは確かに高い密度で群れてはいるが、そこには人びとの間の継続的なつながりがないからだ。だが、ひとたび何かの刺激が与えられれば、彼らはいっせいに同じ行動を取ることがある。「事故だ！」という声に衝き動かされて、その事実も確認できないままに出口に殺到したり、誰かが警官に石を投げつけたのをきっかけに暴動が起こったりするという、「群集行動」がそれである。群集は、特定の場所にあつまった大衆ないし公衆である。群集である人びとの間にも社会状況やそれに基づく価値観や意識の共有があり、そうであるがゆえに同一の刺激や扇動に同じような反応を示すこともあれば、何かのきっかけで互いに言葉を交わして世論形成や、デモや革命のような政治的共同行動をとることもあるからだ。そしてそのとき、群集の一時的なあつまりは、つながりへと転化するのだ。

群集の中のつながり

私個人の経験をあげると、以前こんなことがあった。

深夜の電車に乗っていて、踏切事故で列車が脱線してしまったのだ（踏切に突っ込んだ自動車に乗っていた人たちは亡くなったそうだが、電車の乗客は皆無事だったようだ）。すると、それまでごく当たり前のように言葉を交わすことなく電車に乗っていた人びとの間で、これもまた当然のように言葉が交わされ始めたのだ。別に群集行動が起こったというのではないが、それまでただのちらばりだった人びとの間に、いっせいにつながりができ始めたのである。

言葉を交わすだけでなく、線路をともに歩き、バスを待ち、駅で駅員の説明を求め、列車の運行している駅まで歩き、その間に情報をやりとりしたり、世間話をしたりした。私は知らなかったのだが、同じ列車に乗っていた私の友人の一人は、他の乗客とともに振替輸送の臨時バスの増発の交渉をしたという。〝私たち〟はそこで確かに個々人として、たまたま遭遇した事故に対応して行動していたのだが、そこに〝私たち〟と言うことができるような状況の共有があり、それによる一時的なつながりがあったというのも本当である。

一時間ほども歩き、電車が運行している駅で列車に乗ると、少し遅れて乗ってきたサラリーマンが大きな声で、「ああ、今日は知らない人とたくさん話ができて楽しかったな！」と言ったのを覚えている。そこには普通言う意味での「群集」、つまり群集行動の担い手としての群集ではないが、ばらばらの群れであり、個のちらばりのあつまりであるものが、同時につながりうる人のあつまりであることが示されていたように思うのだ。

コミュニケーションのコード

ちらばりをつながりに変えるもの、別の言い方をすると、ちらばりに見えるものの中につながりがあることを見出させるものは、事故のような突発的な状況の共有だけではない。たとえば研究者をしていると、初対面でも、場合によっては母国語が異なっていても、学問の言葉と思考を共有していることにより、同じテーマについてある程度親しく会話を交わすことができる。互いに見ず知らずで、日常的に使う言葉が違っていても、同様の対象に同様の言葉や理論でアプローチし、思考する人びとの間に学問の共同体というものが確かにあるということを感じるのは、そういうときだ。それは世界的な規模での「つながり＝ちらばり」で、そのちらばりの中に「つながり＝ネットワーク」や「つながり＝あつまり」が局所的に存在している。

趣味を共有する人びとにも、同様のことは言えるだろう。たとえば「オタク」。この言葉は、マンガやアニメの愛好家たちが互いを名前で呼ばずに「オタク」と呼びあっていたということから、一九八三年にライターの中森明夫が命名したというのが定説である。このとき「オタク」と呼びあっていた彼らは、そもそも互いの名前など知らなくとも、オタク的な趣味と教養の共有によって、ちらばりでありながらつながりうる「同志」として現われていたわけだ。それはなにも特殊なことではなく、同じ野球チームやサッカーチームを応援する、たまたま応援席で隣りあった人びとの間にも、同様の関係は生じうる。あるいはまた、郷土や世代や出身校を共有する人びとにも、同様のことが見出される。外国に行くと同じ日本人だというだけで話しかけられることがあるし、たまたま同じ世代だとわかっただけで共通の話題で盛り上がったりすることもある。それは、同郷や同世代、同窓であることで、互いにつながりうる共通のいわば「資源」をもっているからなのだ。

ここで「資源」と呼んだものをもう少し正確に言うと、コミュニケーションにおいて話題を共有し、共有される話題について円滑に話すことを可能にする主題と知識とコミュニケーションのコード――話の進め方や受け答えの規則――のセットということになる。たとえば社会学者であれば、社会学のテーマと領域、それについての知識、社会学者としての議論のパターンを共有していることによって、初対面でもある程度立ち入った議論をすることができる。オタクであれば、やはりオタク的な趣味の領域と知識と話し方のパターンがあって、それに乗るかぎり相手の名前も素性も知らなくとも、互いに「オタク」と呼びあうことで――これもまたコミュニケーションのコードである――話をすることができたということだ。

こうしたつながりを可能にする主題と知識とコミュニケーションのコードのセットは、だから社会的な関係の媒体《メディア》なのだ。第7章で文字や紙、テレビやラジオやコンピュータといった、コミュニケーションを仲立ちする技術を「メディア」という言葉で捉え、考えた。それに対してここで考えている学問や趣味、同郷であることや同世代であるというような、人びとのつながりの資源となり、それを共有することで同様の対象やテーマについて、同様の仕方で語りあうことを可能にするものも、社会的なつながりとしてのコミュニケーションを仲立ちし、可能にする「メディア」なのである。

だが、話題が必ずしも共有されていなくても、言葉が通じれば何かを話すことができる。それは言語がそれ自体でコミュニケーションのメディアであるからだ。

そしてまた、先に述べたように、言葉が通じなくてもお金があれば交換という取引——それもまたコミュニケーションである——をすることができる。お金は価値という共通の尺度で物とそれをめぐる欲求や欲望を表示し、やりとりすることを可能にするメディアであるからだ。

さらにまた、言葉も通じず、お金がなくとも、基本的な欲求については身振り手振りで伝達することもできる。それは種としてのヒトの身体や生存の様式が、すべての人に共通のコミュニケーションの基盤をなしているからなのだ。

【補説】社会という言葉

現代的な意味での「社会」という言葉は、日本では明治八年にジャーナリストの福地源一郎がsocietyの訳語として使ったのが最初と言われている。ちなみに「社会学」の原語であるsociologyは、当初は「世態学」などと言われていた。「社会」という言葉がそれ以前になかったのではない。漢語の「社会」は、「社」つまり土地の神をともに信じる小規模な地

域集団のことを意味していた。だが、society の訳語として使われるようになったとき、「社会」という言葉は、そうした小規模な集団――あつまり――だけでなく、そうした集団の外側に広がる〝ちらばり〟や、その中の〝つながり〟をも意味するものになったのだ。

だがしかし、英語の society やフランス語の société、ドイツ語の Gesellschaft といった言葉も、そもそもは仲間集団のような閉じたあつまりを指す言葉である。たとえば日本社会学会――ほとんどすべてのジャンル、テーマの社会学を包括する日本で最も大きい社会学の学会――の英語の名前は Japan Sociological Society だ。この場合の Society とは「会」や「協会」や「団体」である。

この章でも述べたように、自分たちが生活する場を共有する人びとのあつまりが社会集団の基本的なあり方だった時代には、人びとにとって最も身近で目に見える社会は、そうした集団や団体だった。だが、市場経済に人びとが巻き込まれ、そうした人びとが国民国家のような「想像の共同体」を基礎とする統治組織を作り、その内外でさまざまなメディアを通じて関係するようになると、集団や団体を超える人と人とのつながりが重要性を増し、人びとの視界の前面に浮上してくる。そして、そのような広がりやつながりを指す言葉として society や社会という言葉が再定義される。

ちなみに、society の形容詞形である social、つまり「社会的」という言葉には、「福祉的」とか「相互扶助的」という意味もある。それまであった集団や団体のつながりやちらばりへと人びとが拡散しつつ巻き込まれ、そこでの福祉や相互扶助が課題として浮かび上がる社会。社会のそのような変動を言葉にしようとする中から、社会学という知は現われたのである。

第14章　離れてあること、退きこもること

たまたまつながり、たまたまあつまる

前の章で家族や親族、学級や会社、クラブやサークルなどを、とりあえずは「つながり＝あつまり」と言えるのだと述べた。なぜ「とりあえず」なのかというと、どんなつながりとしてのあつまりも、その中にちらばりとしての側面や、ネットワークとしての様相をもつからだ。そしてまた、どんなに強固に見えるあつまりも、時間のスパンを長くとれば、つながり＝ちらばりの中で一定の時間の持続をともにするものにすぎないからである。

たとえばあなたが、あるサークルあるいはクラブに属しているとしよう。あなたはサークルやクラブというそのあつまり、つまり集団のメンバーだ。しかし、その集団の中にも関係の濃淡がある。日ごろ親しくつきあい、サークルやクラブの活動以外にもさまざまな情報を交換する人たちがいる一方で、さほど親しくつきあわない人たちもいるだろう。それはサークルやクラブというあつまりの中にも、さらに小さなあつまりやネットワークやちらばりがあるということだ。サークルやクラブそれ自体に属していることよりも、その中で特定の何人かとネットワークとしてつながっていたり、その中

の小グループ（＝あつまり）でいたりすることのほうが大切であると感じるとき、サークルやクラブはそうした内部のネットワークやあつまりがその中で生じるちらばりのようにも見えてくるだろう。また、あなたが仮にそのサークルやクラブの中で孤立していたり、あなただけでなく多くのメンバーがそこに所属していても互いにばらばらであったりするならば、そこでもまたそのあつまりは、実際にはちらばりとして現われてくることだろう。

次に、それが学校のサークルやクラブだったとしよう。その場合、それまでばらばらのちらばりだった人たちがたまたま同じ学校というあつまりに所属した——とはいえ、学校にもネットワークやちらばりという側面もある——ことによってそのサークルやクラブのメンバーになり、卒業とともにまたばらばらになっていくわけだ（卒業後にネットワークが残るかもしれないし、OB会やOG会のようなあつまりができるかもしれないが……）。とすると、サークルやクラブというあつまりは、現在のメンバーが卒業した後も別のメンバーで存続してゆくかもしれないが、入学をきっかけにしてそのあつまりに入り、卒業をきっかけにそこから出てゆく個々のメンバーにとっては、それもまた人生の時の中の限られた三年なり四年なりの間にたまたま結びつき、その後またばらばらになるという意味では、つながり＝ちらばりという様相ももっていると言えるだろう。そして仮にそのサークルやクラブが、そしてまたそれが存在する学校が一定の期間存続したとしても、ずっと長い時間のスパンをとれば、そのサークルもクラブも学校も、長い歴史の中のある有限の期間にだけ存在したつながり＝あつまりにすぎないものとして見えてくるはずだ。

家族や地域は本源的か？

地域社会のような地縁によるつながりや、家族のような血縁のつながりについても同様である。かつての日本の農村のように、人びとが先祖代々同じ土地を生活の基盤とする協働の暮らしを営むような社会では、地縁によるつながりはあつまりとしての側面を強くする。そこでは村は居住地である以上に、そこに住む人びとの地縁的な集団というあつまりなのだ。だが、移住が自由で、産業化によって多くの人びとの生活の基盤が居住地から離れた現代の社会では、地縁というつながりは、たまたま選んだ居住地を通じて、たまたま出会った人びとのつながりにすぎない。それはむしろ、つながり＝ちらばりや、つながり＝ネットワークという様相をとることが多いだろう。町内会や自治会がそこに「つながり＝あつまり」としての側面を付け加えはするが、郊外住宅地やニュータウンに農村のようなあつまりとしての様相を作り出すことは難しい。

家族は人間にとって最も本源的なあつまりである。そう考える人もいるかもしれない。やはりかつての農村社会や部族社会のように、社会関係の基軸が先祖代々張り巡らされた親族関係であるような社会や、家族だけが人びとの生活を支え、守るための拠りどころとなるような社会では、確かに家族は、それなしにはどんな個人の存在もありえないような本源的なものであるかのように現われるだろう。だが、現在の核家族——夫婦とその子どもからなる家族——の中核をなすカップルは、結びつく可能性をもったちらばりの中の多数から特定の二人がたまたまつながったものであるにすぎず、そのつながりを〝離婚〟という形で再びもとの——とは厳密には言い切れないが——ちらばりに戻すこともできる。また子どもと親の間の家族としてのつながりも、子どもが成長すれば――場合によっては成長しなくともさまざまの理由で――薄れたり、切れたりしてゆく。

時の流れの中で出会い、時と場所をともにし、また離れていったり、死んでいったりする人びとの、一定の時の厚みの中でのある程度安定したつながりを、私たちは家族や親族という「あつまり」として認識する。だがそれは、人類という大きなつながり＝ちらばりの中で、一定の期間をともにするあつまりにすぎないとも言えるのだ（この「あつまり」としての家族は、生殖と出産によって形成される生物学的な親子のつながりを素材としていることが多いけれども、さしあたりそれとは異なるものだ。私たちの社会は生物学的な生殖関係や血縁関係と家族という社会的な関係を「重ね書き」することが多いが、その「重ね書き」自体が社会的な約束事にすぎない。生物学的な生殖・血縁関係と社会的な「家族」や「血縁」とは、重なりあいながらも別のものだからだ）。

注意してほしいのだが、私はここで、どんなあつまりやネットワークもばらばらのちらばりの中で一定の有限な時間のみをともにするものなのだから、人間はしょせんばらばらで、あつまりもネットワークも結局はむなしいものだ、ということが言いたいのではない。そのような理解はもちろん可能だが、有限の時の中のたまさかのつながりであることと、それがむなしいかどうかということとは、さしあたり別の問題である。それが長い時の流れの中でのごく短い時間であろうとも、数知れぬ人間のちらばりの中で特定の人びとがなんらかのつながりをもつことの中に、そうであるがゆえのかけがえのなさを見ることもできるからだ。そうした偶然の出会いをかけがえのない必然として理解し受け止めるとき、人はそれを「運命」と呼ぶのだろう。

死は無意味ではない

どんなあつまりやつながりも、結局は広大な時間と空間の中のつながりの可能性としてのちらばりの中にあるのだということ。それは、ヒトという種のちらばりの中に、さまざまなつながりへの可能性がいつも開かれているということでもある。今私たちが身を置くつながりやあつまりだけが唯一のつながりやあつまりなのではなく、そうではない多様なつながりやあつまりが可能性としてはありうる。それは、今・ここにあるつながりを捨て去る自由もまたあるということだ。

この「つながりを捨て去る自由」については、もう少していねいに考える必要があるだろう。なぜなら、ここまでこの本で論じてきたように、人間はつねに・すでに社会というつながりの中にあり、私という個人的な存在すらもつねに社会的な存在であるからだ。

「つながりを捨て去る自由」という言葉で言いたいのは、「社会から降りる自由」や、「社会から離れて独りになる自由」のことではない。「社会から降りる」とか「社会から離れて独りになる」という言い方は日常的な表現としては可能である。だが、厳密に社会学的に考えるなら、「私」という個的な存在がそれ自体社会的なものである以上、人は社会から降りたり、社会を離れたりすることはできない。たとえばあなたがこの世で最後の人間になり、広大無辺の宇宙の中にただ独り生きながらえていても、あなたは、あなたを最後の一人とする人間の社会の中にあるのだ（そして、あなたの死をもって人間の社会は終わる）。

死が社会から降りることを可能にするのではないか、と考える人もいるかもしれない。が、死んだとたんに社会から降りる当人もいなくなってしまうのだから、死によって社会から降りることはできない。そして、この本の他の箇所でも考えたように、死んだ当人がいなくなっても、死者という存在はその社会の中にさまざまな形で文字どおり社会的にあり続けるのだ。

だからといって私は、死や、自ら死を選ぶ自殺という行為を無意味だと言いたいのではない。自殺もそれ以外の死も、他の人びとにとってときにただならぬ意味をもつものとして受けとめられるからだ。そしてまた、私自身はそういう意思を今のところもたないけれど、さまざまな理由から自己の死や消滅を選択する人の存在や意思を否定しているのでもない。他者による死の選択を、私たちはときに厳粛に受け止めねばならないことがある。死は存在の消滅だが、そのことはそれが無意味であるということではない（そしてそれは、「命は大切である」ということとも矛盾しない）。実際、多くの社会は死を無意味ではないものにするために、さまざまな宗教や死生観や人生観を作り続けてきた。死を無意味と捉え、社会を生者だけからなるものと考えて死者を放逐する傾きをもつ近・現代の社会は、人間の歴史の中ではきわめて異様でスキャンダラスな社会であるはずだ。

離れてあることの自由

「つながりを捨て去る自由」に戻ろう。

この言葉が意味するのは、第一に、今・ここにあるつながりではない別の形のつながりを新たに選び、あるいは作り出すために、今あるつながりを捨て去る自由ということだ。そして第二に、社会の中で他の人びととの間にあるつながりを、すべてではないにしてもある程度は切り、他の人びとから離れているというあり方を選びうる自由ということでもある。前者の自由についても、その行使と実践については考えるべきことや乗り越えるべき課題がたくさんあるけれど、ここでは後者の自由、さしあたり「離れてあることの自由」と呼ぶことができる自由と、そのように離れてあることの社会的な意味について、もう少し考えてみることにしたい（前者の自由の問題については、見田宗介『社会学入門』の中の「補　交響圏とルール圏」が参考になる）。

ここで「離れてある」というのは、たまたま周りに人がいないから独りであるというのではない。自ら積極的に選んで他の人びとと交わらなかったり、交わりを最小限にしようとしたりするあり方のことだ。こうしたあり方は、修行者や宗教者、哲学者や求道者と呼ばれる人びとに、かつてしばしば見られたあり方である。日本では「出家」「隠遁」「隠棲」「修験」といった言葉でそれを言い表わしてきた。僧院や修道院、修験場などは、そこに集団生活が見られるとはいえ、通常の世間やそこでの生産活動、利害から離れて修行や観照に専心するための場であるという点で、「離れてあること」を組織化し、制度化したあり方と見ることができる。そこでは人は、同じ悟りや観照や思索の深化を目指すいわば「同志」と、その志の共有において交わり、それ以外の人びととの交わりは最小限にかぎられるのが、少なくとも建前である。

なぜ修行する人びとは他の多くの人びとから離れ、ときに独りでいようとするのだろう？　それは、世界や社会や人間のあり方について、特定の利害関心から離れた場所から見、考え、理解しようとするからだ。世界や社会や人間について考えるためには、それらから距離を置き、それらを対象化しなくてはならない。人はどうしても世界や社会の外側に出ることはできないし、それゆえ世界や社会を本当に外側から見ることはできない。そうであるがゆえに、他の人びととの交わりから距離を置くことは、他の人びとと交わり、その中でさまざまなつながりをもち、そこで行為し、関係する世界や社会や人間のあり方を、そこでのつながりや行為や関係に内在する利害や感情——仏教であれば「煩悩」と呼ぶだろう——から相対的に離れ、対象化して考えることを可能にする、一つの技法なのだ。

政治哲学者のハンナ・アレントは、そのように世界から「退きこもる」ことを、精神が思考することの本来的なあり方であるとしている。またマックス・ヴェーバーは、個々人が現実の社会生活においてもつ価値観や利害関係を括弧にくくり、特定の価値や利害に左右されずに社会を記述し、分析する「価値自由（Wertfreiheit）」を、社会科学の方法として提起した。それは物理的に世界や社会から離れることではないが、社会のただなかで社会について思考する際に、いわば思考実験として「離れてあること」が方法的に意味をもつということだ。学問や哲学や宗教はしばしば「離れてあること」を必要とするし、その営み自体が利害や世俗から離れてあることを含んでいる。

離れてある場所としての学校

学校という施設と制度も、そのあり方によって程度の違いはあるけれど、そうした「離れてあること」を可能にし、社会の中に埋め込み、有意味なものとする施設や制度である。

このように言うと、奇妙な感じを受ける人が多いかもしれない。事実、学校にはたくさんの児童や生徒や学生がおり、教師とともにそこで集団生活を営んでいる。その点では学校は「離れてある」よりもむしろ「一緒にある」ことを、かなり強制的に強いる施設と制度である。だがその一方で、学校という制度と施設の中では、未熟かもしれないがさまざまな社会的な活動や労働に従事することが可能な人間たちが、そうした活動や労働からとりあえずは解放されて、ただちに実利や実用に結びつかないさまざまな学習や訓練や活動で試行錯誤することが許容されている。活動や労働の実用性や実利によって人びとがかかわり、それによって評価される社会を日常語にならって「実社会」と呼ぶとすれば、学校は、実社会で活動し、働くことのできる子どもや青年をそこから引き離し、実社会の実用性や利害から相対的に自由な活動を行なわせる施設と制度なのだ。

「子ども」や「青年」という言葉を使ったけれど、そもそも私たちが今当然のように考える子どもや青年のあり方自体、一定の年齢に達する前の人間は「実社会」から離れ、いつか実社会に出るために、それまでの猶予期間《モラトリアム》を学習と試行錯誤という「修行」に当てるべきだとする、近・現代の社会のあり方と抜きがたく結びついている。この意味で、歴史学者のフィリップ・アリエスが言うように「子ども」も、そして「青年」も、近代社会が発明し、発見した人間のあり方なのだ。

とはいえ、近代社会の学校という施設と制度は、いずれその場所を離れるときに「実社会」で役に立つことを修得させることを期待されている。その点で、世俗の世界から離れた僧院や修道院と、現代の学校は同じではない。現代ではとりわけ、学校で学ぶことが何の役に立つのかが、学校とそこでの教育を評価する基準として重視されるようにもなっている。以前試みられ、その後批判と見直しの対象になったあの「ゆとり教育」が目指したのが、「生きる力」という、考えてみれば究極の実用的能力の育成だったことが、そのことをアイロニカルに示してはいないだろうか？

離れてあることの衰退

ところで、先にアレントの考えに触れたところで「退きこもる」という言葉を用いたが、これを名詞形にすれば「退きこもり」である。現代の日本ではこの言葉――ひらがなで「ひきこもり」と書かれることが普通だが――は、「実社会」ばかりか学校をも支配する実用性や実利性にかかわることを拒否したり、あるいはそこにうまい形でかかわることができず、他の人びととのつながりを生命の維持のための最低限のものに限定したりするあり方を指すことが多く、周囲からも当事者からもしばしば「問題行動」として受けとられる。この「ひきこもり」が、宗教者や哲学者が修行や思索のために世界から「退きこもる」ことと同じなのだから、心配ないということが言いたいのではない。また、いわゆる「ひきこもり」の問題について、何か臨床的に有意味なことをここで述べようというのでもない。

ここで指摘しておきたいのは、「離れてあること」それ自体は、人間の社会の中でさまざまな形で見られ、意味づけられ、制度づけられた社会的なあり方であるということ、したがっていわゆる現代日本の「ひきこもり」――精神科医の斎藤環の言い方を借りると「社会的ひきこもり」――も、そのような「離れてある」という社会的な関係のあり方の、一つのタイプであるということだ。もちろんこのように言うことは、それがいかなる意味でも「問題」ではないということではない（社会学的には「自殺」も「犯罪」も、どんな社会でも見られる「普通の出来事」にすぎないが、だからといって「自殺」も「犯罪」も「問題」ではないということにはならない）。

そうであるとすれば、現代日本の「ひきこもり」の問題は、人がなんらかの形で社会から「離れてあること」を意味づけ受けとめるメカニズムを衰退させ、人がさまざまな形で「離れてあること」を許容しなくなり、かつてであれば「離れてある」場所や時間としていた学校や青少年期にも、「実社会」と直接結びつく意味や論理を持ち込み、それによって評価するようになっていったことと関連があるのかもしれない。

少年犯罪を扱う社会学の分野では、近年の少年犯罪でときに「過激化」と見られることが、実際にはたわいないことで感情や暴力を抑制できずに発動してしまう「稚拙化」であり、その背景には「非行」や「犯罪」に一定の枠をはめてきた非行文化や犯罪文化の衰退と、その継承の主体である非行集団の消滅があると考えられている。非行や非行集団もまた、社会の中で青年や少年が「離れてあること」の形であり、文化であった。私はなにも「非行」を称揚するのではないが、それが社会の中で批判されつつも、その存在を認められてもいた文化であったのは事実である。同じように、かつての旧制高校生や大学生のように、端から見れば空疎な人生論や学問論、政治論に耽溺する「若者」も、実社会から「離れてある」ことの型であり、文化だった。

だが、現代の日本ではそのような「離れてあること」の文化が衰退し、さまざまな「離れてあること」を可能にする場所も少なくなっている。実用性と実理性の中で「自分の個性」を探し、「コミュニケーション能力」と呼ばれる自己プレゼンテーションの能力を高めることを早い時期から求められる社会の中で、「離れてあること」はかつてあったような社会的な受け皿と場と意味づけをもたなくなった。そしてその結果、「離れてあること」は「ひきこもり」のような、孤独な個人による一見無意味な行為として遂行されなくてはならなくなったのではないだろうか。

「役に立つこと」と「コミュニケーションすること」が支配的な価値をもつ社会で、「離れてあること」はときに暗く、無意味で、立場のないもののように感受され、理解されてしまう。「ひきこもり」という問題は、私たちの社会で「つながること」と「離れてあること」の関係のあり方を——世界と社会から退きこもって——考えるための、一つの問いの場を提起している。

第15章　社会学は何の役に立つのか？

社会学は役に立たない？

なぜ社会について考えるのか？

この問いに対して、この本の最初の章では次のようなとりあえずの答えを与えておいた。

社会について考えることは、どうしたって生きなくてはならないこの社会――さしあたって私たちは、自分がそこに産み出された社会を生きるほかはない――をよりよく知ることで、私と社会の関係がこれまでとは違ったものに見える可能性を開き、私たちが生きる社会が抱える問題や可能性に対する、より大きな視界を開いてくれるかもしれないからなのだ、と。

そしてまた、次のようにも述べておいた。

社会について考えること、もう少し特定すると、社会について社会学的に考えることは何かの役に立つかもしれないし、実際に何かの役に立てばよいとは思うけれど、社会学者としての私は、それが役に立つことを必ずしも目的とはしていない。なぜなら、私にとっては社会を知ること自体が喜びの感覚を与えてくれるからである、と。

そしてさらに、次のようにも述べたはずだ。社会を知るにあたって、それが役に立つかどうかということは、社会について考えることの幅をときに狭めてしまうのだ、と。このことの意味は、前の章で述べた「退きこもること」を思い出せば、より理解できるだろう。

だがしかし、そのように現実から距離を置いて社会について考え、それが何の役に立つかわからないけれど、それまでとは違う視点や視界が開け、そのこと自体に一定の喜びを得ることがあったとしても、それが何かの役に立たない以上はただの「自己満足」にすぎないのではないか？　そのように問う人もいるかもしれない。

「社会学って、結局は現実に対して批評家的な立場からああだ、こうだと言っているだけで、具体的に世の中に働きかけたり、解決策を示したりすることはできないんじゃないですか？」

そんな言葉を私も直接・間接に聞くことがある。こうした問いに、ここまでこの本で考えてきた私たちは、どのように答えることができるだろうか。

「役に立たないこと」は役に立たないのか？

結論から言ってしまうと、右のような問いは、実のところ「社会」について、そしてまた人間が社会を生きることについてのきわめて浅薄な理解からしか出てこないような問いなのだ。もう少していねいに言うと、こういうことだ。右のような問いは、人間と社会とのかかわりを、そしてまたそこで何かを知ることや、何かを考えることを、「役に立つかどうか」という点からしか見ていない。まるでそれは、「役に立たないこと」は人間の社会の中では何の役にも立たないことだと言っているようだ。

こうした言い方が奇妙に響くことは承知している。「役に立たないこと」が役に立たないのは当り前ではないか、とすぐにも反論があるだろう。だがここで、最初にカギ括弧でくくった「役に立たないこと」と、その後で括弧くくりなしに書いた〈役に立たないこと〉――と便宜的に〈 〉でくくっておこう――とを、私は違う意味で使っているのだ。

「役に立たないこと」とは「「役に立つこと」ではないこと」、つまり社会問題を解決したり、利益を上げるのにつながったり、それを知ることで自分のキャリアをアップできたりするようなものではないということだ。知が個人や組織の活動の効率性を上げげたり、利益に結びついたり、福祉の向上を結果したりすることが「役に立つ」ことで、そうしたことにつながらないことは「役に立たない」ことだ。それに対して、先に括弧にくくらなかったほうの〈役に立たないこと〉は、「社会的に意味をもたないこと」という意味で使っている。だから「「役に立たないこと」は役に立たない」とは、個人や組織の活動の効率性を上げたり、利益を上げたり、福祉を向上させたりすることに結びつかない知は、社会的に意味のないことだ、ということになる。

だがしかし、「役に立つこと」だけが社会的に意味のあることなのだろうか？　私たちが社会を生きるうえで有意味なことは、自己や他者の「役に立つ」ことだけなのだろうか？

「AはBである」という命題が真であるとき、その対偶「BでないものはAでない」もまた真である。「「社会的に意味のあること」は「役に立つこと」である」という命題の対偶は、「「役に立つこと」でないものは「社会的に意味のあること」ではない」だ。では、個人や組織の活動の効率性を上げたり、利益に結びついたり、福祉の向上に結びついたりしないことは、社会的に意味をもたないことなのだろうか？

私たちの社会では、「社会的に意味がある／ない」ということが、「何かの役に立つ／立たない」ということとしばしば等号で結ばれてしまうので、このような問いを立てても、その意味するところがわからないという人もいるかもしれない。だから、もう少し具体的に考えてみよう。

遊びと恋愛

たとえば「遊び」。

遊びは文化であり、社会的な行為でもある。だが、私たちが「遊び」と見なす行為は、普通の意味では「役に立たない」。いや、「役に立つこと」から解放されて、身体的、精神的な活動自体を無償のものとして楽しむことが、その活動が「遊び」と見なされるための要件である。草野球の試合は遊びだが、プロ野球選手の試合はこの意味では「仕事」である。いや、遊びは仕事や人間関係のストレスから人を解放し、さらなる活動への活力を生み出すから「役に立つ」のだ、という説明もあるだろう。子どもの遊びは大人社会のさまざまな活動への準備として「役に立っている」という説明もしばしば聞く。そのような説明がまったく間違いであるとは言わないが、そのような「役立ち」によって遊びを説明してしまうとき、私たちは結局「遊び」が「遊び」である所以、私たちが他者とのつながりの中で「遊ぶこと」の意味を、決定的に捉え損ねてはいないだろうか？　まるでそれは、健康のためだからというそれだけでジョギングを続ける生真面目なランナーのようではないだろうか？　だが、本当に楽しいジョギングとは、何かのために走るのではなく、走ることが楽しいから走るのではないだろうか？　プロ野球選手とて、仕事であることを超えてプレイに没入し、プレイする喜びと楽しさを見事なパフォーマンスとして示すとき、つまり本当の遊びの楽しさを身をもって示すとき、本当によい「仕事」をする（だから、プロ野球選手について先に述べたことは事態を単純化しすぎている）。

もう一つ別の例として、「恋愛」を考えてみよう。

恋愛の意味とは、それが何かの役に立つということにあるのだろうか？　「恋愛すると綺麗になる」とか、「恋愛は若さの秘訣」とかいう言葉はときどき聞くし、生殖行為を行ない、子孫を増やすという生物としての目的のために恋愛は有意味であるという説明もあるだろう。だがしかし、そのように何かの「役に立つ」ものとして恋愛を語るとき、まさにそのことによって恋愛の意味を決定的に捉え損ねてはいないだろうか？　この本の最初のほうでも少し触れたが、恋愛というのは自然現象ではなく、互いに惹かれあう二者の間の関係の社会的、文化的な形式であり、その形式を支えるコミュニケーションのコードである。そこには、互いに慕いあい、互いを尊重し、相手の喜びを自分の喜びとするというコードがある。だからそこに「役に立つこと」を持ち込むことは、明らかに恋愛のコードに違反し、恋愛を「不純化」してしまう。もっとも実際には、この社会で「恋愛」と見なされる多くの関係は、多少なりとも不純な要素を含んでいるだろう。だがしかし、そうだからといって「恋愛」のコードを「玉の輿に乗るため」とか、「自分の彼女を人に見せびらかして優越感を得るため」とかの手段であるという風に書き換えてしまったとしたら、とたんにそれは私たちが知っている「恋愛」とは別の何かになってしまうだろう。それは、私たちの社会の恋愛のコードの中核に無償性があるからである。それが無償であるがゆえに、恋愛は意味がある（とされている）のだ。

遊びも恋愛も「役に立つ」ことではない。だが、そうであるからといって、それらの行為や関係が社会的に無意味なのではない。それどころか、遊びも恋愛も、その行為や関係を通じて楽しさや悔しさ、熱狂や落胆、充実感や喪失感といった意味を自己と他者の間に生成する、まさに有意味な行為や関係である。強いて「役に立つ」という言葉を使うなら、それらの行為や関係は人生を「役に立つ」こととは別の形で有意味にするのに〈役に立つ〉。だが、「「役に立つ」のとは別の形で〈役に立つ〉」ということは、もう普通言う意味での「役に立つ」という枠組みの外側に踏み出してしまっているということだ。

「役に立つこと」で理解する浅薄さ

社会学は何の役に立つのかという問いを、ここで言う「役に立つ」という意味で問うことの浅薄さとは、社会を「役立ち」のネットワークとして理解しようとすることの底の浅さである。

「役に立つこと」は、社会というつながりの中で行為や関係がもつ意味、その中で私たちが他者とともに経験し、人生の一部とし、それによって社会を作って行くものの中のごく一部にしかあてはまらない、きわめて限定されたコードにすぎない。だから、そのように問うこと自体、それを問う当人が社会について、そしてまた人が社会を生きるとはどのようなことであるのかについて、ごくごく限られた形でしか理解しておらず、しかも自己の理解の狭さについては気づきも、また疑いもしていないことを暴露してしまうのである。

社会学でしばしば使われる概念を用いるなら、そのように問う人は、社会の中での有意味性を、行為や関係の〝手段性〟においてしか評価していない。手段性とは文字どおり、行為や関係が何かの目的のための手段として役に立つかどうかということだ。だが、人間の社会には手段性とは異なる、そのこと自体に意味や価値が見出される行為や関係がある。そのような行為や関係の属性を、即自的《コンサマトリー》と言う。遊びや恋愛はコンサマトリーな行為や関係の代表である。

科学について考えたところで、目的合理的行為と価値合理的行為ということを述べたのを思い出してほしい。目的合理的行為とは、ある目的を達するのに最も効率的かつ効果的なものであることによって合理的、つまり〝理にかなっている〟と見なされる行為のことだ。それに対して価値合理的行為とは、効率的でも効果的でもないかもしれないが、美意識や道徳などの行為の適切さや卓越性を評価する規準に従えば、最も適切であると見なされるような行為である。「役に立つ」という基準は、目的合理的な行為の評価基準にすぎないのだ。

しかも、人間の行為は合理的な行為だけではない。感情的な行為もあれば、昔から行なわれていたという理由でその合理性を問われることなく反復される伝統的な行為もある。また、精神疾患における強迫行為のように、通常の意識レベルでは理解不可能で端的に「無意味」に見えても、無意識の水準では有意味なものとして理解可能なものもある。ハイデガーが技術について言うように、それがもつ意味が私たちから隠されており、その隠されたものによって私たちの社会のあり方が方向づけられてしまうような不気味な意味もある。私たちが生きる世界は、そんなさまざまな意味に満ちており、私たちは日々の営みを通じてそうしたさまざまな意味の重なりあい、連なった世界を作り上げている。社会について考えるとは、そうした重なり連なるさまざまな意味へと思考と感覚を開いていくことなのだ。

手段的能動主義

ここで、「社会学は何の役に立つのか?」という問いから、次のような二つの問いを導くことができるだろう。

一つの問いは、社会における〈役立ち〉、つまり行為や関係の意味が「役立つこと」だけではないにもかかわらず、私たちが生きるこの社会では、何かの「役に立つこと」だけが〈役に立つこと〉、つまり社会的に意味のあることであるかのように、しばしば理解されてしまうのはなぜなのか、という問いである。

もう一つの問いは、社会学をすることは、そのような「役に立つこと」が支配的な社会でどのような意味をもつものとして〈役立つ〉のだろうか、という問いである。

第一の問いについて語るのは、比較的たやすい。それは、私たちが生きる世界が「役立つこと」を規準にして行為や知を革新し、それによって社会の成り立ちをダイナミックに変えることを基本原理とする社会だからだ。

こうした原理は「手段的能動主義(instrumental activism)」と呼ばれたりする。なるべく役に立つ手段を見つけて、それを使って世界に積極的に働きかけるのが正しいとされる社会というわけだ。何の役に立つ手段なのか？　より多くを作り、より多くを売り、より多くを儲け、より多くを支配し、より多くの力を引き出すための手段である。より多くの財を生み出し、より豊かになり、より広い領域を支配し、より多くの快楽を得ること。そのことに向けて社会の体制も、組織や集団のあり方も、個人の意識も、知や技術のあり方も、より大きな成果を上げるべくダイナミックに変動させてゆくこと。私たちが生きる社会はそのようなあり方を社会のあるべき形とし、それを「進歩」や「発展」や「開発」や「革新」と呼ぶような社会なのだ。

レヴィ＝ストロースは、そのように〝変わっていくこと〟を選択し、肯定し、常態とする社会を「熱い社会」と呼んだ。ここで「熱い」という言葉は、温度が上昇して液体や気体になると物質はその運動性が高まり、形態が不安定になるという、物理学から借用した比喩である。人間の社会は古代の都市文明が戦争、文化接触、人口増加や環境破壊による社会変動などによって「歴史」の時を歩み出したときから、その〝歴史的温度〟を上昇させて〝熱く〟なり始め、大航海時代や絶対主義の時代を経て、近代社会にいたってさらに〝熱さ〟を急激に上昇させていったというのが、レヴィ＝ストロースの考えである。

だが人間の社会には、そうした〝熱さ〟を抑制し、結晶のようにその形状を容易には変えようとしない社会、変わらないこと、変わらずにあろうとすることを基本原理とする「冷たい社会」もある。大航海時代以降、「熱い社会」の人びとが見出した「未開社会」は、たやすく変わらないことを選び、それによって小規模で安定した秩序を維持しようとする「冷たい社会」である。冷たい社会は〝変わること〟や〝より多くを求めること〟にではなく、〝変わらないこと〟や〝永遠であること〟、先祖たちや神話の中に根拠をもつものごとに意味や価値を見出し、変化を抑制しようとする社会である。

注意してほしいのだが、現代の社会が全体として同じように「熱い」わけではない。

たとえば価値観や行動様式といった文化の領域は、産業構造や生産体制のような経済の領域よりも一般に変わりにくい。産業の分野でも、技術革新が日進月歩の情報技術産業と、旧来の技術にもとづく地場産業や伝統産業では、歴史的な温度は違う。また同じ文化の領域でも、メディア産業に支えられたサブカルチャーの領域の表層は歴史の温度が高く、流行が重要な意味をもつのに対して、死生観などの土着的な信仰の核心部分の価値観は千年単位でもある程度の同一性を保つ「冷たさ」を示すことがある。したがって、表向きは目まぐるしく流行が入れ替わっているように見えるサブカルチャーの領域の深層に、変わらずあり続ける古代以来の死生観や生命観が見出されることもある。

ようするに、ある社会の中の歴史の温度は一様ではなく、言ってみれば〝まだら〟なのだ。そしてそれは、私たち個々人の行為や意識もまた〝まだら〟であるということである。そんな〝まだら〟な社会を、〝まだら〟な意識で生きているにもかかわらず、社会について考え、語ろうとするとき、「役に立つ」ことを基本原理とする部分が視界の前景に現われてくるような、そんな成り立ちを私たちの社会はしている。その成り立ちについて詳細に考えるだけの余裕はここにはないが、それは「近代社会」や「資本主義」と呼ばれる社会の成り立ちにかかわっていて、「社会学」と呼ばれる知の歴史と現在の営みの半ば以上は、そのような社会の成り立ちを読み解くことに捧げられている。そのことは、覚えておいてよいだろう。

この社会を問う知

第二の問いに対する答えは、今この直前に記した文章で半ば答えられていると言えるかもしれない。社会学という知の営みは、「役に立つこと」を基調とする社会の中で、そのような社会のあり方自体を一つの「問題」として見出すところに成立してきた。

一九世紀のイギリスのハーバート・スペンサーやフランスのオーギュスト・コントのように、社会学の歴史の初期には、そうした社会の「進化」の法則を理解するのが社会学の目的だとされた時代がある。明治時代の日本で最初に紹介されたのも、スペンサーの社会進化論だった。「文明開化」の明治日本にとって、社会は遅れた段階から進んだ段階へと進化するという社会進化論は、社会の現在と未来を理解するための恰好の理論として受けとられたことだろう。

だがその後、社会学者たちは、「進化」や「進歩」のように見えるこの社会のあり方が、どのような人間のつながりの形を生み出し、どんな価値観に導かれ、それがもたらす利益と損失、幸福と不幸はどのようなものなのかを考え始める。社会が変わること、変わっていくことを基本とする社会になることを必ずしも否定するわけではないにしろ、その社会の前で立ち止まり、そこに現われる社会とそこに生きる人間のあり方がどのようなものであるのかを、人間のつながりと、その中での人間の振る舞い、それらとともにある人間の意識に即して考え始める。マックス・ヴェーバー、エミール・デュルケム、ゲオルク・ジンメルといった、一九世紀から二〇世紀のはじめにかけて、現在につながる社会学の基礎を作った人びと、あるいはそれに先立ってその知的な活動が社会学にも大きな影響を与えたカール・マルクスやフリードリッヒ・ニーチェといった哲学者たちは、近代という「熱い社会」の前で立ち止まり、戸惑いながら、そのあり方を考える方法を探っていった人たちである。それから一世紀以上を経た今でも、社会学という知のそうしたあり方は、基本的には変わっていない。

このことは、社会学的な知が必ずしも「反‐近代的」だったり、「反‐体制的」であったりするということではない（マルクスやニーチェは、もちろん反‐近代的かつ反‐体制的だったけれど、彼らのそのような思想は近代という社会とそこでの知のあり方に徹底的に根ざした近代的なものだ）。社会学者個人がそのような立場をとっても別にかまわないのだが、「反‐近代的であるべきだ」とか「反‐体制的であるべきだ」といった立場から距離をとって、人間の社会の現在と、その存在の深さと、多様なあり方の可能性を考えることにこそ、社会学の意味はある。

戦前から戦後の一時期まで日本を代表する社会学者だった清水幾太郎は、「社会学（sociologie）」という学問の名をはじめて用いたコントについて書いた小さな書物の冒頭に、フランスの社会学者レイモン・アロンの「事実、社会学者が革命的であっても構わないが、革命的な社会学というものは存在しない」という言葉を掲げている（『オーギュスト・コント』）。一人の社会学者が、そしてまた社会学的な知に触れ、それによって考える人が、革命や社会の改革などに踏み出すこと、そのために社会学がなにがしかの「役に立つこと」、そのようなことはあるだろう。だが、社会学の思考は現にある社会と、社会が現に存在してしまうことを一つの謎とし、その成り立ちを問われるべき問題として見出すところに可能になる。

最終解答なき問い

問題とは、必ずしも「解決」すべきものではない。

そして思考とは、解決できる問題だけを考えるものではない。

ある社会が生み出す喜びと悲しみ、現実と夢想、可能性と限界を、その社会の成り立ちに即して読み解くこと。それが社会というものを「考えるべき問題」として見出すということだ。そしてそれは、人間が世界を生きるとはどういうことなのかを考えるということである。

実際、その問題が人間と社会にとって本質的であればあるほど、そこに確定した答えなど出てきはしない。

たとえば私たちは、社会が〝変わること〟についてここまで考えてきたが、「社会は変わるべきか？」とか、「社会はどのように変わるべきか？」といった問いに確定した答えはない。それは、決して最終解答が出ることはないけれど、つねに人が取り組み、他者とともに生きていくことを通じてそのつどとりあえず答えながら、次の時代と社会に引き継いでゆくような問題である。人間の歴史の中で存在してきたさまざまなあり方をする社会が、この問いに対してそれぞれに独自の、そのつどの答えを与えてきたのだ。もちろんそこに、ナチズムや全体主義のように明らかに〝間違った〟と言わざるをえない解答のいくつかを見ることはできる。だがしかし、それが間違いであるとしても、そのような社会を人が作り出してしまうこと、そしてそこにそのときどきの解答の試みがあったことを、私たちは忘れてはならない。

それらを否定することはたやすいが、後に否定せざるをえないことを人が選択してしまうこともまた、人間の社会の歴史が繰り返してきたことなのだ。そのことを否認することは、人間を、そして社会を正しく見ないことになるだろう（もちろんそれは、「誤りを否認すること」ではない。「後から見て誤りとしか言えないことを、人間とその社会はしばしば選択する」ということを、否認してはならないと言っているのだ）。

「社会学は役に立つ……」

そこに決まった答えはないけれど、そうであるがゆえにそれについて考え続けることに意味があるような問いがある。社会学という知が扱うさまざまな問題の中心にあるのは、そのような種類の問いなのだ。ごく大きくひとまとめにして言ってしまうなら、それは「社会とは何か？」、あるいは「人が社会を生きるとはどういうことか？」という問いである。社会学をすることとは、社会をめぐるさまざまな現実や問題を、そのような問いの変奏として問い、考えるということなのだ。この本の冒頭で触れた社会学という学問のさまざまな入り口も、この問いのさまざまな変奏が開くさまざまな門である。そして、やはりこの本の最初に述べた「社会学感覚」とは、そうしたさまざまな門の前に立ち、さまざまな問いの変奏に触れながら、「社会とは何か？」という基本の問いをそこに見、聴き取り続ける感覚なのだ。

「役に立つこと」についての問題や考察も、そうした社会学感覚とともに、そのような問いの変奏として考えられるとき、普通考えられるような「役に立つかどうか」とは別の相貌を見せ始めるだろう。

そしてそのとき、「社会学は役に立つ……」という呟きが、あなたの唇から、もしかしたらこぼれるかもしれない。

補　章

私の社会学

学問にも相性がある

「社会学を勉強したいと思っています」

入試の面接や受験生への説明会、新入生のガイダンスや一、二年生向けの入門的な講義などで、高校生や大学生からこんな言葉を聞くことがよくある。

「社会学をしたいって、具体的には何に関心があるの？　そもそもあなたの言っている〝社会学〟ってどんなもの？」と、私は問い返す。

何か確たる答えを期待しているわけではない。その人が「社会学」という言葉に託している、本当に考えたいことはどんなことなのか。それについてどのような形の問いをもち、どんなスタイルで考えようとしているのか。それがいわゆる「社会学」の理論や問題にうまく重なるかどうかも、教育や指導のうえでむろん重要だが、それよりむしろ、その人が社会に向かおうとするときの問いと思考の形がどのようなものなのか、広い意味での社会学的な思考や理論が、その人の問いと思考を支え、助けることができそうかどうか、そうしたことを知りたいのだ。人と人とに相性があるように、人と学問の間にも相性がある。社会学が向いている人もいれば、経済学や政治学のほうが向いている人もいる。相手が私のゼミへの所属を志望していたり、大学院で学びたいと考えていたりする場合には、その人の問いや思考と「私の社会学」の相性も考える。

「私の社会学」という言い方は奇妙に聞こえるかもしれないし、そこに不遜な響きを聞き取る人もいるだろう。

なるほど、学問の言葉はそれを語る人の主観ではない。けれどもまた、どんな学問も具体的な個性や体質や経験の歴史をもった個人やそのあつまりによって取り組まれ、考えられ、言葉にされる。だから、どんな対象に、どんな視点から、どんな概念や理論を用いてどのような問いを立て、それに対してどのような思考を展開し、答えを見出そうとするのかということには、それを行なう人の思考の個性や体質が抜きがたく刻印される。一度言葉にされ、公表された学問的な思考は、個々人から自立した言葉としての客体性をもち、その体系性や普遍性によって評価されるけれど、その生成と受容はいつも具体的な人間によってなされる。そこに人それぞれの学問が現われる。

言語や歌についてこの本で考えたことを思い出せば、わかりやすいかもしれない。学問という言葉の体系の中で人がそれに取り組み、その中で考え、言葉を発するとき、そこにその学問のその人なりのヴァージョンが生み出されるのだ。そして、その中でも比較的できのよいものや、多くの人の関心を惹きつけるもの、多くの人に「これだ！」と思われ、多くの人の思考と感性に共鳴を呼び起こすものが、学問の言葉として広がり、継承されてゆくことになる。個々の学者や研究者、学生や読者はそうした伝播と継承の中継者であるにすぎない。

「私の社会学」とは、だから私を中継者とする社会学の、とりあえずの私なりのヴァージョンのことだ。そんな「私の社会学」について、ここで少し書いてみたい。個人的なことですでに古い部分もある話ではあるけれど、「社会学入門」の一つの（あまり標準的ではない）サンプルとして読んでいただければと思う。

人は学問を選べるか？

じつを言うと——などという言い方をするほどのことでもないが——私は、大学に入ったころから社会学を学ぼうと思っていたのではない。

私の学んだ大学では、一・二年は全員教養学部に所属し、三年になってから専門の学部に所属する。私は一年に入学した時点では経済学部に進むコースに所属していた。その後、経済学部に進むのはやめたのだが、代わりに選んだのは社会学ではなく、「相関社会科学」という、社会学も含めて政治学、経済学、社会思想史などの社会科学を学際的に学ぶという学科だった。社会学を専門として選択したのは、大学院に進んでからのことだ。

このように書いてみて、〝選んだ〟とか〝選択した〟というのはちょっと違うなと思う。確かに私は、学部卒業後の進路として社会学を専攻する大学院のコースを選んだ。それは間違いない。それは所属先として大学院の社会学専攻を選んだということではあるが、そのことをもって、自分が学び、専門とする学問として社会学を選んだのだと言ってしまうと、ちょっと違うと思うのだ。

そもそも人は、店頭で商品を選んで購入するように、ある学問とその思考を選ぶことができるのだろうか？　確かに私と社会学とのつきあいを振り返ってみると、大学一年で社会科学の履修科目の一つとして社会学を選んだり、専門課程でも社会学系の授業を比較的多く履修したりと、自ら選んで学んだということはある。だが、そうした科目を選んだり、進学先を選んだりすることは、社会学を知り、学び、社会学的にものを考え始めるきっかけではあっても、それによって社会学を学ぶことを選んだというのとは違うのだ。

たとえてみればそれは、友情や恋愛のようなものだ。ある人と友人になり友情を感じる、あるいはある人に恋愛感情を抱き、恋をする。そのとき、人は、その人と友人になり友情をあたためたり、その人に恋をして恋愛関係になったりすることを選択しているのだろうか。そうではないだろう。むしろ、気がつくとある人と友人になっていて、その人に友情を感じている自分を発見したり、この人と恋をしようと選択などする以前にある人に惹きつけられ、すでに恋をしている自分を見出すのではないだろうか。後から見るとそれは選択のように思えるかもしれないけれど、友情も恋愛も「さあ始めよう」といって始まるものではない。気がつくとその中にあって、その思いや関係を生きているものなのだ。

人と学問の関係も、そのようなものなのだと思う。あることを学ぼうと思い、そのためにふさわしいと思う学校や学科や授業を選び、適当と思う本を買ったりすることはある。「さあ、社会学の勉強を始めよう」といって学び始めることはできる。だが、そこでその人が学問とどのように出会い、それを自分の思考の技法として身につけ、我がものとするのかということまで、人は選択することができない。それは選ぶものというよりも、学ぶことを通じて気がつくと身について、自分の思考の中で生きられているのを発見したり、あるいは依然としてなじめずに疎遠なままであるのを発見したりするようなものなのだと思う。

とりあえずそれを学んでみることはできるけれど、それが自分の内側で、自分の思考や言葉を支えて動き、働くものになるかどうかまでを、人は選ぶことができない。社会学を学ぶことを選ぶことはできるけれど、社会学という学問（をすること）を選ぶことはできない。それは学ぶことを通じて生きられ、すでに生きられていることを後から発見するようなものであるからだ。

もっとも私も、入学当初から社会学を学ぶコースにいたり、学部の専門課程から社会学を専攻したりしていたらこんなふうには考えず、自分で社会学を選んだのだと考えていたかもしれない（そしてそうだったとしたら、「私の社会学」は今あるのとは違ったものになっていたかもしれない）。幸か不幸か、最初から社会学を専門に学ぶ場所にいなかったことや、特定の学問に特化するのではなく、社会科学の複数のディシプリン——科学論では特定の方法や理論体系をもつ学問のことを、「規律」や「訓練」という意味ももつ「ディシプリン（discipline）」という言葉で表現する——を学ぶべしという場所にいたことが、人と学問のこうした関係を見えやすくしたということはあるだろう。

私の学生時代

「あなたのやっていることは、社会学だよね」。

大学院への進学を考えつつ、卒業論文の相談に行ったとき、後に大学院で研究指導をしてくれることになった山本泰先生にそう言われた。自分がやっていることを「社会学」として考え始めたのはそのころのことだ。

先に述べたように、一年生のときに一般教養科目の社会学の授業をとり、専門課程でも社会学系の授業をとったけれど、社会学を専門に学ぶコースにいなかったので、社会学史とか社会学概論とか社会学原論とか、あるいは社会調査実習とか、学部で社会学を専攻する多くの学生が必修で履修する授業を受けたことはない。私が進学した専門課程には当時は必修科目というのがなかったので、宮沢賢治の作品をテクストに人間と社会について考える授業とか、生物学と経済学と構造主義のテクストを「意思決定」という観点から読む授業とか、小説を読んでそこから読みとれる組織論を発表する授業とか、ミシェル・フーコーの『監獄の誕生』とエミール・デュルケムの『社会分業論』を並行して読む授業とか、あるいは毎回講義のたびに教師が煙草片手に今日は何を話そうか考え込んでから始まる授業とか、面白そうな授業をよりどりみどりでとっていた。

社会科学以外でも、建築家による芸術論とか、西洋中世の都市と日本中世の都市を都市空間と社会秩序という点から比較検討する授業とか、ジェイムズ・ジョイスやジョゼフ・コンラッドの短編を原語で読む授業とか、カルチャー・センターのようにいろいろな授業があった。しかもほとんどすべての授業が少人数のゼミ形式だったので、教師やさまざまな専攻の学生たちと議論を交わさなくてはならなかった。学問の「専門」という枠をさほど気にせず、〝何かを話してナンボ〟という気持ちで議論を交わせるようになったのは、専門課程のそうした環境と経験によるところが大きいように思う。

とにかく、二年生の秋に進学先の学部・学科が決まり、専門の授業に出るようになって最初に驚いたのは、上級生たちが教師たちとまるで対等であるかのように言葉を交わしていることだった。

本を読むにしても、何かの学問を基礎から、あるいは歴史を追って体系的に読むというのではなかった。それがよかったとは思わないが、今から当時に戻ることもできないので仕方がない。そのころは記号論や構造主義、ポスト構造主義やポストモダン論などが流行っていた。当時の大学ではまだ学問にも流行があって、流行の学問に触れることはちょっとカッコいいことだったのだ。私もレヴィ＝ストロースやフーコー、ボードリヤールやポランニー、吉本隆明や柄谷行人や蓮實重彦を読み、浅田彰や中沢新一、山口昌男や栗本慎一郎を読んだ。ヴェーバーやデュルケム、マルクスなどの社会学の「古典」、リースマンやハーバーマスなどの社会学の「名著」を読むようになったのは、そうした現代思想系の本よりも後のことだ。私にとってはレヴィ＝ストロースやフーコーのほうが、ヴェーバーやデュルケムよりも先にあり、構造主義や記号論のほうが社会学よりも先にあった。

だがしかし、そのような自己理解も、もしかしたら半ばは、後から振り返ってみたときに起こる錯覚なのかもしれない。なぜなら、私が最初にレヴィ＝ストロースの名を聞いたのは、大学一年のときにとった社会学の授業であったからだ。たまたまとったその授業は、吉本隆明の話から始まって、柳田國男の『明治大正史世相篇』をテクストに近代における社会感覚の変容を論じ、マルクスの物象化論・疎外論の再構成から現代社会の成り立ちを考え、永山則夫の連続射殺事件を題材に現代社会の実存と社会意識を考察し、『野生の思考』のレヴィ＝ストロースの時間論から現代社会の時間意識を考えるといった内容だった。

今、大学で社会学を教えている身になって考えてみても、大学一年に向けてこんな内容の講義をするなんて、なんと大胆な、という内容だ。実際その講義はやさしくはなく、そもそもそこで用いられる日本語が、それまで私の知っていた日本語とは異なる難解なものであったので十分によくわかったとも言えなかったのだが、その講義には「あ、こういうのもありなんだ……」という手ごたえの感触があった。たまたまとったその講義でそんな社会学に出会わなければ、私は社会学者になどならなかったかもしれない。もしなっていたとしても、今とは全然違うタイプの社会学者になっていただろう。その講義を担当していたのは、見田宗介という人だった。

社会のうたう歌を読み解く

私を中継点として「私の社会学」に流れ込んでいるのは、けれども大学で出会い、学んだ講義や書物や人だけではない。

高校生のころから大学学部生のころまでの私は大江健三郎の大ファンで、文芸誌に発表される作品を単行本化される前に読んだり、講演会を聴きに行ったりしていた（当時は大江氏の文体模写もできたのだ）。大学一年のときだったと思うのだが、何年か前から出ていた岩波書店の現代選書というシリーズに収められた、大江健三郎の『小説の方法』という小説論を手にとった。小説とは社会や世界と対峙し、それを異化——日常見慣れたものを異様なもののように示すこと——し、思考と生を活性化する仕掛けであり、小説の言葉はそのために戦略化されたものであるというその本の主張は、言葉で考え、表現するということに対する自覚的な意識のあり方へと目を開かせてくれた。同じころ、当時の大江健三郎に大きな影響を与えていた山口昌男の文化論なども読んで、小説をはじめとして、映画、絵画、写真、詩、音楽、マンガといったさまざまな表現活動を、社会科学とは別の仕方で現実を記述し、思考し、表現するものとして捉え、分析する視点も知った。

とはいえ、これにもちょっと錯覚があるのかもしれない。

夏目漱石の小説を題材に近代日本社会について考えた『漱石のリアル』という本のあとがきでも書いたのだが、小説をある種の社会記述として読むという読み方を私は、高校二年のときの現代国語の課題で無手勝流だがともかくも試みていた（だがそこにもまた、大江の小説を読んだ経験が反映していたのかもしれない）。また同じころ、ルキノ・ヴィスコンティの『家族の肖像』やベルナルド・ベルトルッチの『暗殺のオペラ』などの映画を見て、いわゆる「社会派」、つまり社会問題をまさに社会問題として政治的に作品化するような仕方とは別の仕方で、映画が芸術表現によって歴史や社会と相わたりあうということを〝発見〟したりもしていた。『小説の方法』はそんな、私がすでに生き始めていた表現と社会との関係の読み解きに形を与えてくれたのかもしれない。

いずれにしろ、いわゆる「芸術」や「文学」、「表現」や「アート」の領域は、私にとって、ときに社会学以上に親近感を感じ、さまざまな思考や洞察の源泉と触媒になっている。このことを少し反省的に考えてみると、「表現」や「表出」への関心と注目というのが、私の社会学における思考の一つの型なのだと思う。それは、小説や音楽や絵画や映画といった、一般に「文化」や「芸術」と呼ばれる表現活動の領域に、そうした表現が行なわれる社会の価値意識や感覚の表現や表出を見るというだけではない。都市空間であれ、建築であれ、街の風景であれ、人びとの装いや日常の振る舞いであれ、それらはみな、ある特定の歴史的・社会的な状況を生きる人間の実存や、夢や、世界像や、彼らが生きざるをえない関係の形や構造の表出であり、したがってそれらを表現として読み解き、分析することができるというのが、私の社会学のスタイルなのだ。レヴィ＝ストロースの思考と学問に私が惹かれるのも、彼の構造主義が親族体系や神話や集落の構造を、その社会の「構造」――無意識のレベルにあって、思考や関係や行為の形態をあらかじめ決定するパターン――の表出として捉え、人が社会を生きることをそうした構造の表出の具体的な〝演奏〟のようなものとして考えているからなのだと思う。

たとえて言えば、社会とは、それを生きる人びとがうたう歌なのだ。各自が自由にうたっているように見えても、音階や旋法によって、また旋律のクセや展開の形式によって、そしてそれらの形式感を支える時間感覚や空間感覚、身体感覚によって、歌のあり方はあらかじめある程度決定されている。いわゆる「文化」や「芸術」は、そうした社会の歌が凝縮され、洗練された形で表出され、人びとに享受されることで再び社会の中に戻ってゆくような、そんな場所なのだ。そうした社会のうたう歌に耳を傾け、読み解きたいという欲望が私にはある。

では、そうした欲望はいったいどこからやって来るのか？　それは多分、私が社会というつながりの広がりを生きている、そのこと自体の中からやって来るのだろう。私という有限の存在が、社会と呼ばれる人や物や出来事の、空間的・時間的な広がりの中にある。その見通すことの容易ではない広がりをたまたま生き、私の感覚も意識も、言葉も思考も、振る舞いも存在も、そのことに深く、強く規定されている。私は社会を生きているけれど、それは私の身体《からだ》を中継点とするつながりを社会によって生かされているということでもある。私という存在を通じて社会が生きてある。だから私は、私が生き、私（たち）によって社会が生きるそのあり方を知りたいのだ。

〝私たち〟の社会学

社会学者として、私が社会学をする。それもまた、社会という時間と空間の中のつながりの結び目で、たまたま私というこの身体がするようになったことだ。そんなふうに考えるとき、これは本当に不遜に聞こえるかもしれないが、私が社会学を選んだのではなく、社会学がこの私の身体を選んだのだと言ってしまいたくなるときもある。

たまたま入った大学で、たまたまとった講義や、たまたま進んだ専門課程によって、私の身体で社会学的な見方や言葉や思考が動き始め、働き始めた。大学院に進むというのは、そのころの文科系の学問では研究者になることを職業選択したことを意味していたから、その時点で私も、社会学者になるということを選択したことになる。それは自分がやっているものが「社会学」に最も近いということを見出した後で、いわばそれを追認し、それに合いそうな居場所を勧められ、それに従ったということだった。

大学院に入ってみると、学部時代から社会学を専門にしてきた同級生や上級生たちの多くが「社会学」を背負っているように見えた。〝「社会学」を背負っている〟というのは、社会学科や社会学会のようなある程度確立した学問と教育の制度における「社会学」が、その人たちの社会学観と「社会学すること」を強く捉え、かつ支えていたという意味だ。そこでもまた、社会学が人の身体にいわば〝憑いて〟いて、その人たちに社会学をさせていたのだが、彼らに憑いている「由緒正しい社会学」に比べると、私の社会学は「社会学以外」のものが数多く融通無碍に混交していた。

当時も今も、私の研究の中心的な対象は都市なのだが、私は都市社会学を大学の講義やゼミで学んだことは一度もないし――自分で論文や本は読んだけれど――、私の都市研究と「社会学」の一分野として公認されている「都市社会学」とでは、問題意識も方法も文体も相当に違っている（だから私も、都市社会学を専門としている他の研究者も、私の仕事を「都市社会学」とは呼ばずに「都市論」と呼んでいる。興味のある人は、『熱い都市　冷たい都市』『都市のアレゴリー』『都市の比較社会学』『都市への／からの視線』などを読んでみてほしい）。

院生時代から親しかった年齢的には後輩にあたる人にあるとき、「若林さんが好きなのは社会学じゃなくて、〝社会学すること〟でしょ」と言われたことがあるのだが、その一言は「私の社会学」のそうしたあまり由緒正しくないあり方をうまく捉えていると思う。

図々しくも大学院に入ったころから私は、「私がやっていることが社会学です」などと言っていた。そのような図々しさをさほど衒《てら》いもなく発揮することができたのは、その当時はまだ院生や助手だった吉見俊哉や大澤真幸、宮台真司といった、少し年上で私と親しく交わってくれた人たちが、社会学と哲学、言語学、文化論、民俗学、歴史学などをつなぎ、それらの間の仕切りを乗り越えるような仕事を精力的に始めていて、社会学することとの風通しをよくしてくれていたからでもあった。そしてそれは、橋爪大三郎や内田隆三、指導教官だった山本泰といったさらに上の世代の人たちが、構造主義や記号論の成果を社会学に取り入れることで、それまでの社会学のあり方を乗り越えて、社会学の理論的な革新をなそうとしていたからでもあった。さらに、そうした人たちの試行の理解者であると同時に挑戦の対象でもあるような存在として、見田宗介や吉田民人といった先生たちがいた。

そうした人たちの仕事がなければ、そしてまた彼らと出会い、授業や研究会で議論をし、研究室やキャンパスで親しく言葉を交わすことがなければ、「私の社会学」はやはり今あるものとは違うものになっていたことだろう。「私たちの社会学」などと言う気はないが、「私の社会学」はそうした環境とつながりの中で、私の中にできあがっていったという意味で、「私の」であることを超えた広がりと連帯の中にある。

〝リアルなプレイ〟としての学問

こんなふうにして、「私の社会学」は私の中で、私を結び目とするつながりと広がりの中で作られていった。だから私は、たとえば学生から「都市論を勉強するには何を読めばいいですか?」とか、「社会学を勉強するためにまず読んでおくべき本を教えてください」とか聞かれると、ちょっと困ってしまう。

読んでおいたほうがいい本はいろいろある。そうした本を紹介しないわけではない。だが、どんな本がどんな意味をもつのかは、その人が社会についてどんな問いを立て、どのような考え方でそれに答えようとするかによって違うのだから、「じゃあこれを読みなさい」と簡単に言うわけにもいかない。また、本を読んで勉強すればそれだけで、あることについて社会学的に考えることができるようになるわけでもない。「修士論文を書くためには何冊くらい本を読めばよいでしょうかなんて質問をする奴には、百万冊読めと言ってやるんだ」と、助手をしていたころの大澤真幸が言っていたことがある。それは、学問をすることと本を読んで勉強することとは違うということであり、本を読めばそれで学問ができるようになるなどということはないということだ。

知識を得ることと考えることは同じではない。そしてまた、考えることを知らなければ、知ることのできないこともある。社会学とは、社会を生きながら、それについて考え、考えることによってさらに知るための技術や技法の一つである。技法は人の身体によって身につけられ、実際になされるところに現実化する。だからそれはいつも「誰かの社会学」なのだ。

社会学の理論や概念は、言ってみればそうした技術や技法の「型」であり、さまざまな論文や書物はそうした技術や技法によって実際になされたパフォーマンスの記録である。そう、それは音楽のような、ダンスのような、スポーツのような〝プレイ〟なのだ。そして、やはり音楽やダンスやスポーツがそうであるように、記録され、記憶されるプロのプレイだけがプレイなのではない。日々の暮らしの中で、あるいはアマチュアのあつまりの中で、公式には記録されず、その場にいた人びとの記憶にだけ残るプレイもまたある。公式な記録や多くの人の記憶に残らないからといって、そのプレイに意味がないということはない。その場を生きる人にとっては、それこそがリアルなプレイであるからだ。

社会学のような知や学問も、そのようなものとしてありうるのだと思う。社会学は、社会学の本や、社会学を教える学校の中だけにあるのではない。それは社会の中で、社会を生きつつ考える「私」や「あなた」とともにあるのだ。

読書案内

「補章　私の社会学」で述べたように、〝これを読めば社会学がわかる！〟というような本はない。

社会学のおおよその広がりや理論を知りたいなら読んでおいたほうがいいというような本や、社会学を知る上で無視できない古典はむろんある。そうした本をセレクトして「参考文献一覧」や「社会学を知るための百冊」といった形で示すこともできる。だがそうした一覧は、すでにいろいろな入門書や教科書やガイドブックやブックガイドに載っていて比較的簡単に見つけることができるだろうから、興味のある人はそれらを参考にしてほしい。

この読書案内では、そうした一般的なブックガイドや参考文献一覧ではなく、私がこれまで読んできて「私の社会学」にとって重要だと思う本や、私が社会学を教えるときに学生に薦めたり、読ませたりする本のいくつかについて、なぜそれらの本が私にとって重要なのか、そこから何を読み、感じてほしくてそれらの本を、これから社会学を学ぼうとする人たちに薦めるのかということを述べてみたい。だからこれは「本の紹介」としての読書案内ではなく、文字どおり「本を読むことへの案内」としての読書案内である。〝社会学をしながら本とつきあう感じ〟が伝えられたらと思う（なお、紹介されている本には新刊本の書店では手に入らないものもある。興味のある人は、図書館などで探してみてほしい）。

●**許光俊『クラシックを聴け！――お気楽極楽入門書』**青弓社、一九九八年（完全版、ポプラ文庫、二〇一五年）。

社会学の本ではない。クラシック音楽の入門書である。しかも副題がいかにも軽そうな。

大学の入門的な授業や演習の最初のほうの回で私は、クラシック音楽を最も簡単に理解する道は本格推理小説を読むことと、自分でサラダを作ることだという、この本の最初の部分を紹介することが多い。なぜなら、そこで述べられているクラシック音楽の基本――論理的に組み立てられた全体性と、異なる要素の組み合わせによる調和――は、学術論文や専門書にもそのまま当てはまるからだ。このことが書かれているだけでも（それだけでなく、それ以外の部分も本当にすごい本なのだが）、この本は学問入門として読まれるべき本だと私は思う。副題に騙されてはいけない。そして、騙されてこの本を読んだ人は幸いである。

●**見田宗介『社会学入門――人間と社会の未来』**岩波新書、二〇〇六年。

●**内田隆三『社会学を学ぶ』**ちくま新書、二〇〇五年。

『社会学入門』は、大学一年のときに私が聴いた講義とは違う内容だが、見田先生の社会学の講義の感じは伝わるのではないかと思う。よけいなことはできるだけ削ぎ落として、社会学のエッセンスとして瑞々しく味わうことのできる部分を取り出して、贈り物にしたような本だ。

『社会学を学ぶ』は、前半は大学入学から大学院時代までの内田さんの社会学修業時代の学問遍歴、後半は内田さんにとっての「私の社会学」の重要な柱となる論者の仕事を語るという形の、ちょっと異形の本（内田さんの本はいつも異形だが）。かなり専門的で文章もわかりやすいとは言えないが、この本からも、〝人が社会学する感じ〟は伝わってくると思う。

●吉本隆明『共同幻想論』角川文庫、一九八二年（初版は一九六八年、河出書房新社）。

「よしもとばななのお父さんです」と、講義で吉本さんについて話すときに説明するようになってどれくらいたつだろう。全共闘世代ほどではないけれど、私の世代にも吉本主義者や吉本ファンは文学部を中心にそれなりにいた。ある時期まで私はこの本を何年かごとに繰り返し読んで、そのたびごとに変わる自分の読みを、自分の思考の深度を測る目安にしていた。それくらい、私にとってはよくわからない――今でもよくわからない――けれども重要な感じのする本。

●大江健三郎『小説の方法』岩波現代選書、一九八一年。

●ミラン・クンデラ『小説の精神』金井裕＋浅野敏夫訳、法政大学出版局、一九九〇年（西永良成訳『小説の技法』岩波文庫、二〇一六年）。

補章で述べたように、『小説の方法』は私にとって、〝方法としての言葉〟ということを考えるきっかけの一つになった本。ミラン・クンデラの本も、小説という知がどのように世界に立ち向かうのかを語っている。小説も社会学も、近代という社会のあり方に深く根ざしつつ、それに対峙する知の形式である。小説という知と形式から社会学が学びうることは多い。

●クロード・レヴィ＝ストロース『親族の基本構造』福井和美訳、青弓社、二〇〇〇年。

学部三年のとき、『産業社会の病理』や『新中間大衆の時代』で知られる村上泰亮先生の授業で「若林君は何に興味がありますか?」とたずねられ、「構造主義に興味があります」と答えたところ、「それでは『親族の基本構造』を読んで報告してください」と言われ、当時は番町書房版で上下二巻だったこの本を購入し、夏休み明けに報告した。どんな奴かもわからない学部学生にこんな本の報告をさせようという先生もたいしたものだと思うのだが、村上先生はこちらがちょっとした興味や関心で話したことを、社会科学や哲学の文脈に位置づけて、一〇倍位レベルアップして意味づけ、こちらに投げ返してくれる人だった。よく理解できないところもいろいろあったけれど、あのときにこの本を読んだことは大きな財産になっている。この本は『野生の思考』や『悲しき熱帯』『神話論理』で知られるレヴィ＝ストロースの最初の大著。近親相姦の禁忌をコミュニケーションの体系としての社会という点から分析した構造主義人類学の記念碑で、レヴィ＝ストロースの他の本と同じく、透徹した理性と詩的な言語が一体となった「作品」である。なお、この本を読むときに参考として勧められたのは、ピーター・エケ『社会的交換理論』(小川浩一訳、新泉社、一九八〇年)だった。

●ミシェル・フーコー『言葉と物――人文科学の考古学』渡辺一民＋佐々木明訳、新潮社、一九七四年。

●同『監獄の誕生――監視と処罰』田村俶訳、新潮社、一九七七年。

●同『知への意志』渡辺守章訳、新潮社、一九八六年。

『言葉と物』、『監獄の誕生』ともに、学部時代に授業でもその一部を読む機会があった。同じ本を個人で読み、また授業で教員や他の学生と読むという繰り返しには、通読とは異なるテクストとのつきあい方の面白さがある。全四巻の『性の歴史』の第一巻である『知への意志』は、私の学部生時代には邦訳されていなかったので最初は英訳で読んだ。これらの本は、その後も個人で、そしてまた教師として演習で、繰り返し読み続けた。そして読むたびに、新しい発見や疑問が現われる。

●丸山圭三郎『ソシュールの思想』岩波書店、一九八一年（丸山圭三郎著作集第I巻、岩波書店、二〇一四年に所収）。

レヴィ＝ストロースやフーコーの仕事の前提となっているのは、スイスの言語学者フェルディナン・ド・ソシュールの言語学である。シニフィアンとシニフィエ、ラングとパロール、通時態と共時態、記号の恣意性といった、現代の哲学や思想でしばしば用いられる基本概念も、ソシュールの言語学や記号論に起源をもっている。自らは一冊の本も書かなかった――主著『一般言語学講義』は弟子による講義録である――ソシュールの思想を、残されたさまざまなテクストをもとに再構成した本。そこにあるのはソシュールの思想であると同時に、ソシュールを読むことを通じて形作られた丸山圭三郎の思想である。

●カール・ポランニー『人間の経済（I・II）』玉野井芳郎他訳、岩波現代選書、一九八〇年（岩波モダンクラシックス、二〇〇五年）。

ソシュール、レヴィ＝ストロース、フーコーといったフランス構造主義系の人たちの仕事と並んで、ハンガリー生まれで後にアメリカに亡命した経済人類学者のカール・ポランニーの仕事も、「私の社会学」のベースになっている。マルクスは近代経済学が前提とする市場とそこでの価値を〝謎〟として、それを批判的に分析したのだが、ポランニーは市場経済の虚構性を、市場経済に先立つ互酬や再分配という経済のあり方との比較において明らかにした。ポランニーの提示する互酬・再分配・交換という経済の三パターンはコミュニケーションの三パターンであり、さまざまな形で応用可能なモデルである。ちなみに、この本を読むときに〝参考書〟として併読したのは栗本慎一郎の『経済人類学』（東洋経済新報社、一九七九年→講談社学術文庫、二〇一三年）だった。

●ハンナ・アレント『人間の条件』志水速雄訳、ちくま学芸文庫、一九九四年（初版は一九七三年、中央公論社）。

アレントの名前は、「work と labor の違い」に関して、確か組織論の授業で政治学の大森彌先生の口から初めて聞いたのだと思う。生存の必要のために行なう「労働（labor）」を、必要のためではなく作ることとそれ自体のためになされる芸術的創造のような「仕事（work）」から区別し、さらに言論などの「活動（action）」をそれらから区別するアレントの理論は新鮮だった。この本で提示されている「私的領域／公的領域／社会的領域」の区別も、社会について考えるための重要な「物差し」の一つ。私はこの本を、やはり「公共的なもの」の近代における変容を論じたユルゲン・ハーバーマスの『公共性の構造転換——市民社会の一カテゴリーについての探求』（第二版、細谷貞雄＋山田正行訳、未來社、一九九四年）と並べて読んだ。

●ルイス・マンフォード『歴史の都市　明日の都市』生田勉訳、新潮社、一九六九年。

●アンリ・ピレンヌ『中世都市——社会経済史的試論』佐々木克巳訳、創文社、一九七〇年。

●マックス・ウェーバー『都市の類型学』世良晃志郎訳、創文社、一九六四年。

卒業論文で都市論を書こうと決めたとき、まずは都市について書かれている目ぼしい文献に目を通そうと、図書館で本を大量に借り出した（私が所属していた学科では、卒業論文のためなら通常より多く本を借りることができた）。そのころ読んだ本の中で、私にとっての都市論の「古典」となったのがこの三冊。

マンフォードの本は欧米中心ではあるが都市史の通史で、技術文明論的な視点からのバロック都市の評価や近・現代都市批判など読むべきところが多い。ピレンヌの本は「自治都市」の本質を「商人の自由」に見ようとした中世都市成立論の古典だが、「読み物」としても面白い。ヴェーバー（右の訳書の表記ではウェーバー）の本はピレンヌと同様の主題を比較都市論、比較市民社会論として考察した本。最初読んだときはさっぱり面白くなかったのだが、再読、再々読し、深読みするうちに、「交通する定住」や「外部の内部化」、「二次的定住」といった私の都市論の中核をなす「都市の本質」がそこに隠されていることを発見してしまった。

●ロバート・E・パーク『実験室としての都市——パーク社会学論文選』町村敬志＋好井裕明訳、御茶の水書房、一九八六年。

都市社会学の論文集や著作も卒論作成の過程でそれなりに読んだのだが、さっぱり面白くなかった。パークは、ワースやバージェスとともに一九二〇〜三〇年代のアメリカで「シカゴ学派都市社会学」と呼ばれる都市社会学を〝創始〟した学者の一人だが、自然科学である生態学をモデルに、都市を「自然淘汰」による「自然発生的地区」の住み分け構造と考えるシカゴ学派の都市社会学は、生物学をモデルにすることで社会的・制度的な条件を捉え損ねているとさんざんに批判されていた（批判していた人たちは「新都市社会学」を名乗っていて、彼らの批判は間違っていないとは思ったが、基本的にマルクス主義の言葉に乗ったそれらの仕事もさほど面白いとは思わなかった）。

シカゴ学派、とくにパークの議論の面白さに気がついたのは、「社会は自然である」というこの人たちの主張は奇妙だけれど、この人たちも当時のアメリカを代表する社会学者だったのだから、まんざら馬鹿ではあるまい。とすると、この人たちがこうした奇妙な言い方でなんとか捉えようとしたものとは、いったい何だったのだろうかと考えて、これらのテクストを読みなおすようになってからだ。私がそこで見出したのは「人間の集合体が社会として立ち現われる臨界線」が二〇世紀はじめの都市に見出されていたこと、そしてそれは、都市という社会と近代という社会の双方にとって本質的な事柄だったということだった。

このことから学んだ（あるいは、再認識した）こと、それは、本や論文や論者を批判するのは簡単だが、大切なのはむしろそれらの「可能性の中心」を読みとろうとすることだということである。

●柄谷行人『マルクス　その可能性の中心』講談社学術文庫、一九九〇年（初版は一九七八年、講談社）。

その「可能性の中心」という言葉は、柄谷のこの本によっている。

『資本論――経済学批判』は、経済学史においてはすでに古典である。それは二つのことを意味する。一つは、この書物はそれが表示する世界や知識が古びたということに応じて古びているということであり、もう一つは、エピクロスやスピノザを読む場合と同じように、〝古典〟を読むということは、すでにそのような外形を無視して、その可能性の中心において読むほかはないということである」という、この本の冒頭近くの言葉は、私にとって座右の銘の一つだ。

●蓮實重彥『凡庸な芸術家の肖像――マクシム・デュ・カン論』上下巻、ちくま学芸文庫、一九九五年（初版は一九八八年、青土社）。

マクシム・デュ・カンはフランス第二帝政期の作家・評論家・編集者で、当時は時代を代表する芸術家・文化人だったのだが、つねに時代の先端であろうとするその振る舞いゆえに、いつも「凡庸」になってしまい、今では「フローベールの才能のなかった友人」と見なされている。そのマクシムの芸術家としての遍歴とその時代を、フーコー、マルクス、フロイトなどをめぐる議論も交えつつ考察した評伝（と言うのだろうか）。「マクシムの凡庸さとは、近代を生きる我われの凡庸さである」という指摘は、私たちの時代と社会を鋭く捉えている。マクシムが最終的に己の仕事として見出し、それによってアカデミー・フランセーズに迎え入れられた著作は、パリを対象とする都市論の大著だったということも、私にとってはいろいろ考えさせられるところではある。こういう仕事を本質的な意味で「社会学的」と言うのだと思う（と言ったら、蓮實さんは多分嫌そうな顔をするような気がする）。

●真木悠介『時間の比較社会学』岩波現代文庫、二〇〇三年（初版は一九八一年、岩波書店）。

●原広司「均質空間論」（『空間〈機能から様相へ〉』岩波書店、一九八七年、所収）。

凡庸にも都市論を自分の仕事の中心に選んだ私にとって、その仕事の規準となっているのが、この二つの論考。近代的な時間意識の数量性、不可逆性を比較社会学的に分析しつつ相対化した『時間の比較社会学』と、「文化としての空間」という視点から近代社会における空間意識、建築空間、都市空間を規定する空間概念として「均質空間」を見出し、そこからの脱出の途を探る「均質空間論」は、私の中では〝セット〟になっている。学部学生時代、原先生は私のいた学科でも芸術論の講義を担当していて、時計台のある建物の屋上のペントハウスのような部屋で行なわれたその授業では、世界の集落調査のスライドを見せてもらったり、ブルトンの『シュルレアリスム宣言』を読んだりして、均質空間論の話もそこで最初に聴いたのだった。

なお、よく知られていることだが、真木悠介は見田宗介のペンネームである。大学一年の講義の最終回で、見田先生が受講生からの質問に答える時間があって、「見田宗介と真木悠介はどう違うのですか?」という質問に、「見田宗介は正規軍で、真木悠介はゲリラです」と答えていた（すごいな。軍隊なんだ）。

●マーシャル・マクルーハン『メディア論――人間の拡張の諸相』栗原裕＋河本仲聖訳、みすず書房、一九八七年。

一九六〇年代に日本ではマクルーハン・ブームがあって、最先端の未来論のように喧伝された後に一時「過去の人」のようになり、死後の八〇年代半ばになってみすず書房から主著の『グーテンベルクの銀河系』と『メディア論』――六〇年代に出た竹内書店版は『人間拡張の原理――メディアの理解』という題だった――の新訳が出て復活した。それは、「メディアが人間の身体を拡張する」、「メディアはメッセージである」といったマクルーハンの謎かけのような言葉が、八〇年代以降のメディアと情報技術の変容と社会化の中で、現代社会のリアリティを捉えるものとして再発見されたということだ。『メディアとしての電話』（弘文堂、一九九二年）という私が吉見俊哉・水越伸とともに作った本は、そうしたマクルーハンの再発見を通じて電話を再発見する試みでもあった。

一九五〇年代のアメリカ社会を対象としたデイヴィッド・リースマンの現代社会論の古典『孤独な群集』（加藤秀俊訳、みすず書房、二〇一三年）なども、日本では現在のほうがよりリアルに感じられるのではないかと思う。

●『ベンヤミン・コレクションⅠ』（浅井健二郎編訳、久保哲司訳、ちくま学芸文庫、一九九五年）などのヴァルター・ベンヤミンの著作。

批評家？　社会学者？　哲学者？　エッセイスト？　ベンヤミンという人をどう表現したらよいかわからない。私が学生のころ、社会学系の学生の間では、「複製技術時代の芸術作品」での「アウラの消失」をめぐる議論——コピーによる本物性の消失という上っ面の理解——が最も有名だったかもしれない。ベンヤミンも、一九九〇年代以降に急速に再評価が進み、未完の主著『パサージュ論』や新訳による論集などが続々と刊行された。『パサージュ論』の概要として書かれた「パリ——一九世紀の首都」は、都市論の傑作である。ベンヤミンの著作は秘教的、神秘的なわからなさに満ちているけれど、そこでは何か重要なものがつかまれている。簡単にわかってしまおうとせず、その謎めいた語りとつきあい、考えてゆくことが重要なのだ。

●イバン・イリイチ『生きる意味——「システム」「責任」「生命」への批判』高島和哉訳、藤原書店、二〇〇五年。

●同『生きる希望——イバン・イリイチの遺言』臼井隆一郎訳、藤原書店、二〇〇六年。

私の学生時代、イリイチは反病院化社会論、反学校化社会論、シャドウ・ワーク論などで、ラディカルな近・現代社会批判のスターの一人だった。だが近・現代社会におけるジェンダーの喪失を批判する『ジェンダー』が一九八二年に発表され、八四年にその邦訳が出ると、イリイチは反動的思想家としてフェミニズムの恰好の標的となり、急速に「過去の人」とされてしまった。

これらの本は、そんなイリイチの晩年のインタヴューをまとめたもの。もともと聖職者で神学者であったイリイチの思考と教養の古代から現代にまでいたる深度と、近・現代社会に対するペシミスティックな批判からは、今もなお学ぶことが数多くあることがわかる。時代の中で再発見され、ところを得る本や思考もあれば、時代の中で毀誉褒貶を経ながらなお読まれるべき本や思考もある。

こうして〝案内〟をしていくと、社会学の本があまりない。

デュルケムは？ ジンメルは？ パーソンズは？ シュッツは？ ルーマンは？ ブルデューは？ギデンズは？ といった声が、社会学をすでに知っている人たちのほうから聞こえてきそうだ。もちろん、それらの著者の本は、社会学を学ぶうえで重要だ。だがしかし、問題はそうした本をどう読むかということであって、その本が〝いわゆる社会学の本〟かどうかは、本質的にはどうでもいいことだ。

＊

『社会学入門』の中で見田宗介がこんなことを書いている。社会学は〈越境する知〉と呼ばれるけれど、領域横断的であることそれ自体には意味がない。近代の知のシステムは専門分化主義なので、いろいろな場所に「専門家以外立ち入り禁止」の立て札が立っている。しかし、現代社会の大切な問題たちは、その立て札の前で立ち止まっていては解くことができない。だから人間は、やむなくその立て札を、問題意識を禁欲しないという誠実さによって越えてゆく。このときにのみ、領域横断的であることは意味をもつのだ、と。

私が大学院生のころ、ある高名な社会学の先生が、「フーコーは以前は社会学ではなかったけれど、最近は社会学者がフーコーの仕事について論じるようになったから社会学になった」という驚くべき発言をしていたという話を聞いたことがある。その発言が嘘か本当か知らないが、そんな不自由な立て札やレッテルが、大学や学問の中にはいろいろある。そして、その中で「社会学」として公認されていることを学び、社会学の本をたくさん読みながら、いっこうに社会学することができないということもある。

社会学の本かどうかで読むべき本を選ぶことは、領域横断的、学際的であるという理由だけでさまざまな領域の本を選ぶのと同じように不純である。その本がいわゆる社会学の本かどうかはどうでもいいというのは、そういうことだ。

その中に「私の社会学」や「あなたの社会学」に呼応するものがあるかぎり、それは社会学的な本、私やあなたにとっての「社会学の本」なのだ。

あとがき

本書は二〇〇七年にＮＴＴ出版から刊行された『社会学入門一歩前』の復刊である。復刊にあたって若干の加筆・修正を行なったが、大きな加筆や修正は行なっていない。

これから学問の世界に触れるかもしれない人たちが、社会学という知に触れる一歩手前で〝社会学することと〟の感覚をつかめるような本。大学の一、二年生のみならず、知的なことに関心をもった高校生や中学生にも読める本。そして、すでに社会学に触れ、興味をもった人が自分自身の頭と体で〝社会学することと〟へと一歩前に踏み出すための助けとなるような本。そんな本を作りたくて、私はこの本を書いた。「はじめに」にも書いたが、哲学者の廣松渉の『哲学入門一歩前』から借用した〝一歩前〟という言葉には、私のそんな思いを込めている。

この本のいくつかの章の文章の一部は、高校の国語の教科書に使われたり、入試問題に使われたり、模擬試験に用いられたりしてきたので、社会学に興味をもった人たちだけでなく、受験生はもちろん、中学や高校の先生たちや予備校で教えている人たちにも――いやいやながらという場合も含めて――読まれてきたはずだ。私の息子も高校の授業で、彼のことにも触れた第２章「私の中の社会」の一部を読んだと言っていた。大学で私が教えてきた学生たちの中にも、高校生や予備校生のころにこの本の文章を読んだという人が結構いる。

現代文や評論文の教科書や問題としての文章の読解と、社会学の本としてのこの本の読み解きとでは、もちろん読み方に違いがある。問題文として読まれる場合、そのテクストは設問に対する「正解」をさがすために読み解かれるのであって、社会や世界をどのように社会学的に対象化し、捉えることができるのかという私の思考をたどりつつ、自分でもそれについて考えるという読み方は、必ずしも行なわれないだろうからだ。この意味で国語におけるこの本は、〝『社会学入門一歩前』のそのまた一歩前〟と言えるかもしれない。そのような国語としての文章の読解を通じて、この本で試みた社会学への招待が、なにがしかの形で若い人たちや、彼ら／彼女らを教える人たちに届いてきたことは、とても嬉しいことだと感じている。

三〇歳になる年から現在まで、私は大学で社会学を教えてきた。もう三〇年ほどにもなるその間、大学生たちに講義をし、彼らとゼミをして感じてきたことは、社会にかかわる高校までの勉強と、大学に入ってから社会科学を学ぶこととの間の距離やギャップである。

両者の違いはいろいろあるが、とくに社会学の場合、そこで扱われる「社会」や「社会的なもの」の範囲が、高校までの社会科やその中の公民で扱う対象よりもはるかに広いということがある。社会学が扱う「社会」や「社会的なもの」には、国家や国際社会や地域社会、さまざまな社会問題や社会的な課題も含まれるが、自我やコミュニケーション、サブカルチャー、犯罪、老い、死なども社会学は対象にする。そうしたさまざまな事象を社会学という同じ学問が取り扱うことができるのは、社会学が「対象」によって定義される学問というよりも、「視点」や「考える方法」によって定義されるという面が強いからだ。逆に言えば、いくら「社会」や「社会的なもの」を対象としていても、そこに社会学的な「視点」や「考える方法」が欠けていたなら、それは「社会についての事実や知識の羅列とまとめ」や「社会についてのエッセイやルポルタージュ」にはなっても「社会学」にはならない。もちろん「社会学のつまらない本や論文」よりも「社会についての面白いエッセイやルポルタージュ」のほうがいいし、さらに言えば「社会についての面白いエッセイやルポルタージュ」にはしばしば書き手に意識されることなく、社会学的な視点や方法が内包されていることが多い。だが社会学の教師としては、学生たちに社会学的な視点や方法を学び、身につけることで、「社会学できる」ようになってほしい。この本で私が伝えたかった「社会学感覚」とは、そうした社会学の視点や方法をつかむ感覚であり、そんな視点や方法から社会を対象化し、考え、理解しようとすることの感覚のことだ。

このこととも関係するが、高校までの社会を対象とする教科と、大学で学ぶ社会科学との間のもう一つの大きな違いに、高校までの社会についての科目がもっぱら、社会について「すでに知られていること」や「法律や制度によって作られていること」についての知識を学び、調べることを主眼とするのに対して、大学の社会科学の講義やゼミでは、「社会について知り、考えるための方法」を知り、学び、身につけ、実際にそれをできるようになることが目指されていることがある。社会科学にかぎらず大学の講義やゼミは、知識や情報を「知る」だけでなく、「学問する」とはどういうことなのかを学び、それを身につけることを目指して行なわれている。社会は私たちが日々の暮らしを通じて作り出しているものだが、そこには私たちが無意識のままにしている行為や、それらを通じて維持している関係もある。社会的な立場によって、見え方や意味が変わる出来事や状況もある。社会学を含む社会を対象とする学問は、そんな意識されていない部分や見えていない部分も含めて、私たちが生きる社会について知り、考えることを可能にする知の技法である。そして社会科学にかぎらず学問とは、私たちが生きる世界についてそのように知り、考え、それによって私たちの人生と社会と世界を豊かにすることもできる知の技法なのだ。

現在の大学では、「スキル」としての情報処理技術やプレゼンテーション能力の養成も重要な教育課題となっている。だが、そうした「スキル」が「学問すること」と切り離されて教えられ、学ばれるようになってしまうなら、それはもはや私の知っている大学の教育とは異なるものになってしまうだろう。一部の大学を除く大方の大学は、そんな「スキル」の養成機関でよい、むしろそのようなものであるべきだという声が、今日さまざまな場所から聞こえてくる。そして、そんな声に押され、流されてしまいそうな危うい部分が現在の大学にあることを、私も知っている。そうであるからこそ、いわゆる「スキル」に還元されない「学問」と、その形成と伝承と革新の場であり続けてきた大学の意味を、ここでは強調しておきたいと思う。もちろん、そうした学問の場は大学だけでない。私たちはどこでも学問することができ、社会学することができるのだが、そんな「学問すること」へと開かれた「門」の一つとして大学はある。この本は、そんな門に入る前の準備体操となることを目指して書かれたのである。

本書のいくつかの章の内容は、執筆当時私が非常勤で授業を担当していた学習院女子大学の基礎社会学の講義でその概略を話している。そこで受講者が示した反応や交わされた質疑も、この本には生かされている。それ以外にも筑波大学、東京藝術大学、早稲田大学の学生・院生諸君との授業やゼミでの経験と、私自身が学生として出会い、学んだ何人もの先生方や先輩・仲間たちとの講義やゼミや研究会での経験が、本書にはさまざまな形で組み込まれている。そうした方々のすべてに、ここでお礼を申し上げたい。

NTT出版での刊行にあたっては、同社編集部（当時）の山下幸昭さん、佐々木元也さんのお世話になった。また今回の復刊にあたっては、『漱石のリアル』『東京スタディーズ』『増補　地図の想像力』『未来の社会学』と、これまで二〇年以上にわたって本を作る機会をともにしてきた河出書房新社の藤﨑寛之さんにご担当いただき、いつもながらのきめ細かいご配慮をいただいた。これらの方々にも、あらためてお礼を申し上げたい。

最後に、復刊されたこの本を入り口に、社会学という知に一歩踏み込む新しい読者が現われれば、著者としてこれほど嬉しいことはない。

二〇二三年三月

若林幹夫

【ナ】

【ハ】

【タ】

【サ】

索引

【英数】

【ア】

【カ】

本書は、二〇〇七年九月にＮＴＴ出版より刊行された『社会学入門一歩前』を
若干の加筆修正のうえ、復刊したものです。

著者
若林幹夫（わかばやし・みきお）
1962年、東京生まれ。早稲田大学教育・総合科学学術院教授。博士（社会学）。専攻は社会学・都市論・メディア論・社会的時間-空間論。著書に『熱い都市 冷たい都市・増補版』（青弓社）、『増補 地図の想像力』（河出文庫）、『都市のアレゴリー』（INAX出版）、『都市の比較社会学』（岩波書店）、『漱石のリアル』（紀伊國屋書店）、『未来都市は今』（廣済堂出版）、『都市への／からの視線』（青弓社）、『郊外の社会学』（ちくま新書）、『〈時と場〉の変容』（NTT出版）、『社会（学）を読む』（弘文堂）、『都市論を学ぶための12冊』（弘文堂）、『未来の社会学』（河出書房新社）、『ノスタルジアとユートピア』（岩波書店）など多数。

社会学入門一歩前

2023年4月20日　初版印刷
2023年4月30日　初版発行

著　者　若林幹夫
装　幀　松田行正
発行者　小野寺優
発行所　株式会社河出書房新社
〒151-0051
東京都渋谷区千駄ヶ谷2-32-2
電話03-3404-1201（営業）
03-3404-8611（編集）
https://www.kawade.co.jp/
組　版　KAWADE DTP WORKS
印　刷　株式会社亨有堂印刷所
製　本　小泉製本株式会社

Printed in Japan
ISBN978-4-309-23132-7